Librerie Feltrinelli

Antonio Tabucchi ha pubblicato *Piazza d'Italia* (Milano 1975), *Il piccolo naviglio* (Milano 1978), *Il gioco del rovescio* (Milano 1981), *Donna di Porto Pim* (Palermo 1983), *Notturno indiano* (Palermo 1984), *I volatili del Beato Angelico* (Palermo 1987), *Sogni di sogni* (Palermo 1992), *Gli ultimi tre giorni di Fernando Pessoa* (Palermo 1994) e, con Feltrinelli, *Piccoli equivoci senza importanza* (1985), *Il filo dell'orizzonte* (1986), *I dialoghi mancati* (1988), la nuova edizione de *Il gioco del rovescio* (1989), *Un baule pieno di gente* (1990), *L'angelo nero* (1991), *Requiem* (1992), la riedizione di *Piazza d'Italia* (1993), *Sostiene Pereira* (1994, Premio Viareggio-Repaci, Premio Campiello, Premio Scanno, Premio dei Lettori e Prix Européen Jean Monnet) e *La testa perduta di Damasceno Monteiro* (1997). Ha inoltre curato l'edizione italiana dell'opera di Fernando Pessoa e ha tradotto le poesie di Carlos Drummond De Andrade (*Sentimento del mondo*, Torino 1987). Nel 1987 ha ricevuto il Premio Médicis Etranger in Francia, nel 1998 il Premio europeo di letteratura "Aristeion", nel 1999 il Premio dello stato austriaco per la letteratura europea e il Premio Nossack dell'Accademia Leibniz di Mainz.

Antonio Tabucchi
Gli Zingari e il Rinascimento

Vivere da Rom a Firenze

© "Edizioni Librerie Feltrinelli"
Prima edizione aprile 1999

ISBN 88-380-8010-0

Nota

Più che "reportage", questo testo avrebbe dovuto chiamarsi "reportage di un reportage". Esso nasce infatti da un diario che ho tenuto accompagnando una persona che teneva un diario su ciò che era venuta a vedere a Firenze e alla quale ho fatto in qualche modo da guida durante il suo soggiorno. Questo è dunque il risultato di una serie di appunti nati osservando una persona che osservava una realtà che conoscevo già (o ritenevo di conoscere) ma che vedevo con occhi diversi perché per la prima volta la guardavo attraverso gli occhi di un altro.

Due anni prima, la redazione tedesca di "Lettre International", in collaborazione con la Casa della Cultura del Mondo di Berlino, aveva proposto a me e ad alcuni scrittori di altri Paesi un progetto che avevo accettato: scrivere un reportage su una qualsiasi realtà di questo mondo che a nostro avviso meritasse di essere testimoniata. Tali reportage, che dall'anno scorso sono pubblicati con regolare scadenza da "Lettre International", saranno raccolti nell'anno Duemila in un volume pubblicato in varie lingue con il titolo *Dieci scrittori osservano una realtà di fine millennio*. Esso dovrebbe costituire una sorta di testimonianza di ciò che dieci scrittori del nostro oggi hanno visto in un certo periodo della Storia in cui hanno vissuto.

Nell'assoluta libertà di scelta che "Lettre International" ci concedeva, sono nati i reportage e i progetti più diversi. Dall'osservazione di certi fondamentalismi religiosi al flusso del denaro, dalle guerre etniche all'analisi dei disastri ecologici o alla descrizione di paradisi ancora incontaminati, dalla cronaca di una cerimonia funebre a quella della festa per una nascita, da un testo sul funzionamento di certi rituali urbani di società cosiddette "avanzate" a quelli arcaici di certe società cosiddette "arretrate". Il tutto senza la pretesa di voler usare gli strumenti degli antropologi, dei sociologi o dei filosofi, ma solo cercando di coniugare la cifra della scrittura che contraddistingue ogni singolo scrittore con la relativa obiettività che richiede un reportage.

Devo dire che il progetto di reportage che presentai inizialmente era assai lontano, almeno nel soggetto, da questo scelto in seguito. Forse ricordando un sogno infantile, quando nelle notti d'estate, guardando con mio nonno il cielo stellato immaginavo che da grande sarei diventato astronomo, e allo stesso tempo consapevole che la vita mi aveva invece portato a guardare ad altezza d'uomo, avevo presentato un progetto che si chiamava *Osservare gli osservatorî*. Era una maniera, a me più consona, di guardare di sbieco il cielo osservando coloro che hanno dedicato la loro vita a osservare il cielo: e che sono persone che mi affascinano. Seppure compressa al massimo, la realizzazione di tale progetto prevedeva almeno quattro o cinque viaggi in Paesi lontani dove si trovano gli osservatorî astronomici più importanti del mondo.

*

Firenze è una città volgare. Tale volgarità risalta dalle circostanze e dai momenti più diversi della vita cittadina che sarebbe tedioso elencare. Essa non consiste tanto nella pacchianeria di una bellezza resa venale e che contrasta peraltro con le deplorevoli condizioni in cui la città stessa è tenuta, al di là di ogni colore dell'amministrazione del momento. Non consiste neppure tanto nella aggressività quasi isterica con cui si guida in questa città qualsiasi tipo di veicolo, nell'indifferenza di chi sarebbe preposto per professione a mantenere ordinata e civile la circolazione. Non consiste neppure nell'indifferenza, da tutti condivisa, nell'apprendere che una delle città più sporche, rumorose e inquinate d'Europa (lo affermano le statistiche più attendibili) è spacciata all'estero, quale banconota falsa, come l'immagine della perfezione rinascimentale. Credo che Firenze, più che ogni altro luogo italiano, abbia saputo coagulare quasi magicamente in sé la volgarità che aleggia sull'Italia contemporanea (come forse su certi altri Paesi europei) fino a farne una sorta di *Weltanschauung*, una specie di cappotto che l'avvolge, una spaventosa anima collettiva a cui nessuno sfugge e che significa spocchia, intolleranza, grossolanità. Insomma: la quintessenza dell'atteggiamento di un Paese che è stato povero come l'Italia e che all'improvviso è diventato ricco, senza che dell'appartenenza sociale, della borghesia che ha caratterizzato la civiltà europea, abbia posseduto la cultura. Ciò che anni fa prevedeva Pasolini, la spaventosa mutazione antropologica rivolta verso una omologazione sul Brutto (inteso nel senso più lato) ha trovato paradossalmente in questa città rappresentante del Bello la sua più visibile epifania.

È ovvio che c'era (e c'è) un'altra Firenze. Ma questa è rimasta soffocata dal cappotto di cui parlavo prima; ed è "sotterranea", quasi clandestina, come straniera a ciò che furono la sua stessa casa e la sua stessa storia: quelle di una cultura vera che costituisce la civiltà italiana e i cui rappresentanti, dal medioevo a oggi, sono noti a tutti noi.

*

Ciò che vale per Firenze, con lievi varianti vale naturalmente anche per altre città italiane. Ad esempio la Milano dell'Illuminismo lombardo (quello di riflesso, forse modesto come il nostro, ma certo non meno importante per noi) del Verri, del Manzoni, del "Caffè", vede oggi raduni di folle aggressive accompagnate da cani lupo, da simboli sinistri e da slogan feroci che chiedono il cappio per il "microcriminale" o il "balordo" immigrato, dimentiche dei gangster che hanno depredato la loro città. Nella "Città Eterna", dove con fiumi di denaro si costruiscono magnifici percorsi affinché i pellegrini del Giubileo conquistino le loro indulgenze, bambini rom e immigrati, secondo quanto leggo oggi sui giornali, conquistano le loro indulgenze assai più celermente morendo assiderati in campi di "accoglienza" non troppo lontani dal Campidoglio e da San Pietro.

Ma io conosco soprattutto la realtà di Firenze. Quando a Firenze, dove vivo per alcuni mesi all'anno, venne a trovarmi una persona che per motivi professionali doveva studiare gli Zingari qui rifugiati, capii che senza andare sulle Ande o sul Monte Rosa, grazie al telescopio di un altro osservatore potevo osservare un microcosmo che in fondo va ben al di là dei suoi stessi confini. E che forse potevo capire meglio, attraverso una lente diversa, una realtà che credevo di conoscere già.

Questo reportage è la versione italiana del testo intitolato *Die Roma und die Renaissance* pubblicato nel numero di dicembre del 1998 dell'edizione tedesca di "Lettre International".

A.T.

Firenze, febbraio 1999

1. *Liuba che arriva*

Avevo conosciuto Liuba nel 1968 a Lisbona. Di origine polacca, famiglia ebrea, i suoi genitori erano arrivati in Portogallo nel 1943, fuggendo dalle persecuzioni naziste, con la speranza di potersi imbarcare da Lisbona per gli Stati Uniti. Non so invece per quali motivi erano rimasti in Portogallo. Nel '68 Liuba era iscritta alla Facoltà di Lettere, anche se si interessava soprattutto di Antropologia. Era un'attivista del movimento studentesco, organizzatrice di un foglio clandestino contro il regime di Salazar. Nel 1969, quando tornai a Lisbona per le mie ricerche alla Biblioteca Nacional, seppi che i suoi genitori erano morti e che lei aveva avuto una borsa di studio da un'università americana. Da allora avevo perso le sue tracce.

Sono passati trent'anni e Liuba sta arrivando in treno, proveniente da Parigi, alla stazione di Santa Maria Novella di Firenze, dove sono venuto ad attenderla. È una Liuba che arriva, al contrario di quella di Montale. È lei che mi ha rintracciato. Per una pubblicazione di un'università americana che si occupa delle minoranze etniche, Liuba sta conducendo una ricerca sulle condizioni del popolo nomade (Gitani e Rom) in tre Paesi del sud d'Europa: Portogallo, Francia, Italia. Ha evidentemente saputo dai giornali del mio interesse per i Rom stanziati a Firenze e ha scelto questa città per la sua indagine, pregandomi di farle da guida. È per questo che sono qui, in questa mattina d'estate. Fa caldo, la stazione è piena di turisti, soprattutto americani e giapponesi, e una gentile voce femminile diffusa dagli altoparlanti ripete ogni sessanta secondi che il treno Eurostar proveniente da Roma per Milano viaggia con 40 minuti di ritardo, quello da Milano per Napoli con 25. L'annuncio è in perfetto inglese.

2. Benvenuta, Liuba

Liuba non è mai stata a Firenze. Ho pensato che uno sguardo panoramico sulla città fosse indispensabile. Mi è venuto in mente che la collina di Bellosguardo poteva essere il luogo adatto. Per questo ci stiamo inerpicando con la mia automobile su per le belle stradicciole, già quasi di campagna, che ricordano i quadri malinconici di Rosai, verso un belvedere. Arrivati in alto, oltre un tempietto, scorgo l'ingresso di un albergo di lusso i cui giardini danno a precipizio sulla città. L'hotel è ricavato in una villa antica che appartenne senz'altro a una nobile famiglia. Un cartello avverte con un linguaggio un po' minaccioso che l'ingresso nel parco è riservato ai clienti. Ma entriamo ugualmente con l'intenzione di prendere un aperitivo nel bar dell'albergo che supponiamo non sia vietato al visitatore che voglia godere della vista sulla città. All'entrata della villa un corpulento portiere, che pare più un cerbero che un maître come il luogo presupporrebbe, ci chiede con tono non propriamente invitante che cosa desideriamo. Rispondo che vorremmo prendere un aperitivo e che mi piacerebbe mostrare alla signora, che è straniera, il panorama di Firenze che si gode dall'albergo. "Se avete sete posso darvi un bicchier d'acqua," mormora il portiere, "perché il bar è strettamente riservato alla clientela. Quanto al giardino, questa è proprietà privata." Chiedo se posso parlare con il direttore. Mi tende un biglietto da visita. "Provi a telefonargli," conclude chiudendo la conversazione.

È così che Firenze ha accolto Liuba.

3. Una descrizione

L'Olmatello è un campo-sosta per gli Zingari provenienti soprattutto dalla ex Jugoslavia, definito "provvisorio", che è sorto dopo le dure contestazioni dei cittadini residenti nel Comune di Sesto Fiorentino, dove prima erano stanziati gran parte dei Rom oggi presenti in questo campo. È situato tra la ferrovia che collega Firenze a Pisa e il viale XI Agosto, nelle vicinanze estreme dell'aeroporto di Peretola e dell'imbocco della rete autostradale. Tale collocazione contrasta con la normativa regionale a tutela dell'etnia rom, secondo la quale "le aree di abitazione non devono trovarsi in prossimità di discariche e non devono essere situate a diretto contatto con arterie di grande traffico". Il campo ospita ufficialmente 288 Rom, ai quali si devono aggiungere i parenti che ogni famiglia ha l'abitudine di ospitare e altri quattro o cinque nuclei familiari, appartenenti al campo abusivo cosiddetto "Olmatello fuori". Il Comune di Firenze ha fornito alle famiglie dell'Olmatello case-mobili prive di letti, in ognuna delle quali dormono stipate su materassini dalle sei alle dieci persone. All'esterno di esse sono sistemati i servizi igienici chimici, mentre i lavandini per la pulizia delle pentole si trovano nei prefabbricati delle docce. Queste ultime devono essere usate promi-

scuamente e l'acqua calda a disposizione non è sufficiente per soddisfare "neppure le esigenze di chi si lava poco". Questi disagi sono testimoniati da R., bambino di dieci anni, che dice: "Mi piace stare al campo, però la nostra roulotte è tutta rotta e abbiamo messo un pezzo di legno sul tetto perché sennò ci va l'acqua dentro. Dove esce l'acqua dai tubi c'è lo sporco del mangiare". Le condizioni igienico-sanitarie, già di per sé precarie, sono aggravate dal fatto che il campo è privo di rete fognaria e ciò comporta la formazione di acquitrini melmosi che attirano topi e parassiti vari. Da ciò deriva la diffusione di malattie infettive, quali la scabbia e la tubercolosi, che possono essere tenute parzialmente sotto controllo e curate grazie alla presenza all'interno del campo di un presidio sanitario. Nel campo c'è inoltre un ufficio che ospita ogni giorno l'assistente sociale (figura che viene identificata con il Comune di Firenze), alla quale i Rom si rivolgono soltanto quando hanno problemi con la giustizia; e ci sono i custodi e gli educatori di strada. Questi ultimi prestano servizio nel campo dal 1993 e si dedicano principalmente ai ragazzi tra i quattro e i quattordici anni, per i quali organizzano attività varie (giochi, attività sportive, artistiche, motorie) con il proposito di promuovere la loro autostima e il rispetto verso gli altri.

Anche il campo rom del Poderaccio si trova in una delle periferie più desolate di Firenze. Sorge su una sorta di collina che in realtà è formata da spazzatura accumulata negli anni dall'Asnu (il servizio di nettezza urbana) e dai sacchetti rossi dei rifiuti ospedalieri. È diviso in due zone: la zona alta e la zona bassa. Quest'ultima, detta "area Masini" o "campo Masini", è abusiva e si prevede che sarà presto smantellata. Mentre al Poderaccio alto i Rom sono tutti "storici", cioè residenti e cittadini italiani, nel campo Masini si trovano più di duecento persone provenienti dal Kosovo e dalla Macedonia. Sono in prevalenza profughi che, in quanto tali, avrebbero diritto di avere dimore fisse nella provincia di Firenze. Chi sta al Masini, come del resto la maggior parte di coloro che si trovano all'Olmatello, non è nomade per tradizione o per scelta di vita, ma "nomade per forza", costretto ad abbandonare il proprio paese a causa della guerra.

I Rom del Poderaccio vivono in baracche costruite con materiale di recupero in roulotte e container forniti dal Comune o da associazioni di volontariato. Si tratta di abitazioni misere e inadeguate a ospitare famiglie composte in media da sette a nove membri. Ciononostante il loro spazio interno è talmente decoroso e pulito da contrastare con la degradazione del campo e con l'idea "gagé" (gagé è il nome che viene dato agli stranieri ospitanti) dello "zingaro sporco". Il Comune ha installato all'interno del campo servizi igienici di tipo chimico, che però sono insufficienti per più di duecento persone e non sono perfettamente funzionanti sia per la scarsa manutenzione, sia perché sono oggetto di atti vandalici compiuti dagli stessi Rom del campo. In questo modo essi intendono protestare contro lo stato di abbandono in cui sono costretti a vivere.

Nei campi esistono situazioni di "convivenza forzata" tra gruppi familiari diversi, che spesso sfociano in contrasti e aggressioni per motivi di ordine religioso, etnico e culturale. In queste condizioni il bisogno di una casa e di una dimora stabile diventa tanto più diffuso e sentito. Gli stessi bambini che abbiamo intervistato si lamentano per la loro condizione. Quando abbiamo chiesto a S., bambino macedone di dieci anni, che cosa significa essere Rom, ha risposto: "fare una vita da cani, guardate come siamo costretti a vivere e ve ne renderete conto".

Quanto scritto sopra non appartiene alla mia interpretazione soggettiva. Sono solo le prime pagine di un libro che ho regalato a Liuba affinché si faccia un'idea, e se lo legga stasera in albergo, prima che domani cominci il nostro percorso. È un volume collettivo realizzato nel 1997 dagli studenti della Facoltà di Scienze Politiche di Firenze, sotto la direzione dei professori Emilio Santoro e Danilo Zolo, intitolato *L'altro diritto. Emarginazione, devianza, carcere*. Il capitolo in questione si intitola *I campi rom*, ed è una ricerca compiuta da Alessandra Meo e Lisa Vannini.

4. *Equivoci e stereotipi*

Un equivoco ormai diffuso al quale l'opinione ricorrente non sfugge è che la Firenze della Signoria dei Medici, sotto la quale si è verificato in parte il meraviglioso Rinascimento italiano, sia qualcosa di analogo all'Atene di Pericle. La fioritura dell'Arte che si può ammirare sparsa in tutta la città e nei suoi più importanti musei, ha ovviamente favorito questo equivoco. Il turista medio che visita Firenze ignorando la sua storia politica, di fronte alla *Venere* del Botticelli o ai dipinti leonardeschi è portato a pensare che un casato come quello mediceo, con una tale fioritura dell'Arte, abbia tenuto necessariamente la gestione della città nel modo più liberale possibile. Il parallelo con l'Atene di Pericle nasce spontaneo, non solo nel turista proveniente da Paesi a cultura giovane, ma anche nel comune turista italiano che si reca in gita a Firenze o ne ammira le bellezze artistiche sulle migliaia di pubblicazioni che raffigurano il *Davide* di Michelangelo o il *Perseo* di Cellini.

Di questo stereotipo è prigioniera anche la mia amica Liuba, nonostante il suo bagaglio culturale. Il compito che mi sono prefisso oggi è di smontare questo cliché attraverso una serie di informazioni storiche che andiamo a raccogliere alla Biblioteca Nazionale della città e nell'archivio del mio amico Domenico Guarino, che è stato mio allievo all'Università di Siena, e che lavora per una radio privata che ha dedicato molta attenzione al problema degli emarginati nella città di Firenze.

5. Signori e banditi

Impossessatasi del potere alla fine del Quattrocento con quello che oggi definiremmo "golpe militare", la famiglia Medici, nella persona di Cosimo il Vecchio, diventa padrona della città di Firenze. Il personaggio che per conto di Cosimo mette fine a quella che era una Repubblica cittadina di carattere medievale di ordinamento democratico, è un "gonfaloniere di giustizia" della famiglia Pitti. Questo appellativo roboante in realtà designa un poliziotto, capo delle guardie fiorentine dell'epoca, che oggi potremmo immaginare a metà fra un dittatore sudamericano e un colonnello dei paracadutisti. Costui, con un colpo di stato, si impossessa della città e consegna il potere nelle mani di Cosimo. A partire da questo momento viene posta fine a qualsiasi rappresentazione della volontà popolare. Le libere elezioni sono soppresse. Le corporazioni artigianali non hanno più potere, il popolo di Firenze viene completamente imbavagliato. I banchieri della famiglia Medici, la classe dei neoricchi in ascesa che determina la fine della società artigianale instaurando l'arrivo della classe mercantile, diventano gli unici proprietari della città. Quando si è padroni assoluti si può godere anche di certe facilitazioni economiche. Soprattutto per quanto riguarda le tasse. Non si è mai visto nella Storia un proprietario che paga le tasse a se stesso. Grazie a tali "facilitazioni" i banchieri Medici signori di Firenze diventano una delle famiglie più ricche e potenti d'Europa. Per fortuna erano dotati di un buon senso estetico. Ciò li rende mecenati degli artisti dell'epoca. Per quanto riguarda lo sfarzo abbastanza pacchiano della vita privata della famiglia (cerimonie, banchetti, matrimoni) si possono consultare altri libri sull'argomento che per il momento risparmio alla mia amica Liuba e che eventualmente indicherò nella mia breve nota bibliografica.

Ma ciò che soprattutto mi interessa mettere in evidenza della famiglia medicea è la difesa dei loro privilegi. Il che naturalmente presuppone la paura e il sospetto per tutto ciò che dall'esterno potesse eventualmente perturbare la "isola di pace" da essi conquistata. Una delle preoccupazioni principali riguardava ovviamente qualsiasi elemento che dall'esterno potesse alterare tale *pax*. Firenze diventò in tale modo una "cittadella": una città, cioè, chiusa a ogni intromissione che venga dall'esterno, sospettosa nei confronti dello straniero, e a esso ostile per principio.

Questo è il primo sforzo da compiere per far capire a Liuba che la Firenze medicea non fu esattamente l'Atene di Pericle; ma piuttosto la città di Sparta: non una città libera e aperta ma al contrario una città chiusa e gelosa della sua maniera di vivere.

Il secondo passo, che risulta più convincente nei confronti di Liuba, è un'antologia di "bandi" che un laborioso e ligio funzionario granducale dell'Ottocento, l'illustre dottor Lorenzo Cantini, raccoglie per istruire il lettore sulla necessità che i signori Medicei e poi il Granducato proclamarono fra il XV e il XVIII secolo contro i Poveri, i Miserabili e gli Accattoni onde difendere la città di Firenze da ciò che avrebbe potuto disturbare quello che oggi chiameremmo "la pace degli onesti cittadini".

La sua *Legislazione toscana* pubblicata dalla Stamperia Albizziniana di Firenze agli inizi dell'Ottocento ci informa su una serie di misure poliziesche prese dalla città durante questi secoli con l'intenzione di, per usare le parole del notaio Cantini, "allontanare dallo stato quella turba di vagabondi stranieri che odiando la vita attiva e industriosa cerca la sussistenza ne' proventi del vizio, con danno e pregiudizio della società".

Ho l'impressione che la lettura di tali bandi cominci a illustrare la mentalità fiorentina alla mia amica Liuba proveniente da una società multirazziale fondata su una costituzione come quella americana. Sicuramente la colpiscono il bando contro i Vagabondi, Cantimbanchi e Cerretani del 1590, contro i Birboni e Vagabondi del 1671, contro gli Accattoni del 1688. Ma quello che fa al caso suo è il *Bando sopra i Zingani e le Zingane del dì 3 novembre 1547 ab incarnatione*.

Gli Zingani e Zingane sono, nel linguaggio dell'epoca, gli Zingari. Ed è per questo motivo che mi pare opportuno riprodurre tale bando che suscita tanta impressione in Liuba.

6. *Un bando*

L'illustrissimo ed eccellentissimo Signore il Sig. Duca di Fiorenza e per Sua Eccellentia Illustrissima li Magnifici Signori Otto di Guardia e Balia della città predetta, considerando di quanto danno sieno stati per il passato e di presente ancora sieno i Zingani e Zingane che si sono alloggiati e alloggiano appresso alla città di Fiorenza e per il contado e il dominio di essa e quanto sinistro con li loro cattivi portamenti arrechino li cittadini artifici e contadini per li assai immoderati danni che da loro sono ricevuti e ricevono giornal-

mente, e quanta comune utilità tenendone pagato il Ducale Stato di Sua Eccellentia ne abbi a resultare, però volendo a tale inconveniente ovviare fanno pubblicamente bandire, notificare et espressamente comandare, a tutte li compagnie di detti Zingani e Zingane che si trovino in tutto il territorio, il dominio et Stato Ducale di Fiorenza, che infra mese prossimo futuro da oggi si debbino, ogni eccettione rimossa, havere sgombro lo detto dominio Ducale di Fiorenza sotto pena di essere fatti prigioni e mandati in galera a beneplacito di loro ufficio notificando a ciascuno di detti Zingani come si è rivocato et rivoca per virtù della presente ogni patente, salvacondotto, et autorità che egli avessino insino a questo presente giorno. Et però se commette a tutti i commissari, capitani, vicari, podestà et altri qualunque ufficiali del prelibato Stato Ducale di Fiorenza, che piglino e si ritenghino loro ogni patente che havessino e le mandino al loro magistrato notificando alli detti Zingani quanto sopra si è disposto et ordinato et passato il mese dalla loro notificatione li faccino fare prigioni e li mandino per seguirne l'effetto che di sopra. Avvertendo che poi per l'avvenire non ritornino in detto stato di Sua Eccellentia Illustrissima sotto le medesime pene senza espressa licentia di Sua Eccellentia Illustrissima e tutto inviolabilmente si mandi ad effetto et esecutione senza escusatione o accettatione alcuna.

7. Verso l'Olmatello

L'Olmatello è un campo di ricovero per il popolo rom che sorge in una zona di Firenze che come abbiamo visto dallo studio citato in precedenza non corrisponde alle disposizioni della Comunità europea sull'accoglienza alle comunità zingare. Stretto fra la ferrovia e l'autostrada che conduce alla costa toscana, esso è racchiuso in un'area assai limitata circoscritta da un'alta rete metallica che lo rende simile a un campo di concentramento. Per entrare è necessario esibire i documenti d'identità alla guardia comunale dell'ingresso, bloccato da una sbarra, specificando il motivo della visita. Per poter entrare con Liuba ho dovuto ricorrere ai buoni uffici di una assistente sociale del Comune. Una signora gentile, intelligente, dotata di una grande carica di umanità e assai amata (ce ne accorgiamo subito) nel campo. Costei ci aspetta di fronte al mercato comunale del vialone di Novoli, per guidarci fino all'ingresso, dove la seguiamo con la nostra automobile. È un sabato di questa torrida estate, e gli abitanti di Firenze vanno a passare il fine settimana in Versilia, al mare. La fila di automobili sul vialone è interminabile e la temperatura sfiora i 35 gradi.

8. *Un pomeriggio all'Olmatello*

Al campo Olmatello sono registrate 304 persone abitanti in 26 case mobili e 46 roulotte. Le cosiddette case mobili sono dei container con uno spazio abitativo molto esiguo, costruite in plastica e metallo con un piccolo vano d'ingresso e una stanza da letto. I cosiddetti "servizi sanitari" (cfr. quanto detto al terzo paragrafo) si trovano nel cortile comune, hanno la conformazione di una garitta militare dove può stare una sentinella e dove qualsiasi movimento del corpo è estremamente complicato. Vi entro per orinare, intuendo una temperatura interna sui 40 gradi, dato che il wc è costruito in lamiera.

I Rom qui ospitati (l'Olmatello è un campo comunale "autorizzato") hanno costruito di propria iniziativa una tettoia di lamiera che funziona da caffè per la comunità, sotto la quale siamo invitati a prendere una bibita. C'è un frigorifero vecchio e scrostato che mi dicono recuperato in una discarica, dove essi mantengono in fresco le loro cose. Insieme con gli omogeneizzati per i bebè nati ultimamente nel campo, ci sono bottiglie di acqua minerale, Coca-Cola e alcolici moderati (birra e vino) che i Rom bevono ugualmente, nonostante il divieto delle regole religiose (la maggior parte di essi è di religione islamica, proveniente dal Kosovo, dalla Macedonia e dalla Serbia).

In una tale situazione di alloggio, gli abitanti del campo hanno dovuto abbandonare le attività artigianali che caratterizzano la loro cultura (tessitura di tappeti, lavorazione del cuoio e del rame) restando completamente disoccupati e inerti. E naturalmente privi di qualsiasi sostegno economico. Il Comune non passa nessun tipo di sostegno alimentare, cosicché gli abitanti devono trovare forme di lavoro precarie e assai fragili, sotto ogni punto di vista. Vendono rose nei ristoranti, lavano i parabrezza delle automobili ai semafori. Spesso chiedono l'elemosina (soprattutto le donne e i bambini) con il rischio di essere arrestati dalla polizia. Negli ultimi due anni il campo è stato devastato dalla droga pesante (eroina) che fino a poco tempo fa era pratica sconosciuta nella cultura rom ma che è stata favorita dalle circostanze e dalle forme di sopravvivenza. I Rom girano per la città, si muovono con molta facilità, entrano in possesso immediatamente della geografia urbana. I trafficanti hanno individuato in loro facili spacciatori al dettaglio e sono penetrati nel campo. La logica più semplice del traffico di eroina (i sociologi urbani sono espliciti su questo punto) è rendere dipendente lo spacciatore al dettaglio. Non è stato difficile per queste persone senza scrupoli, convincere i ragazzi rom che una piccola iniezione di eroina dava loro un po' più di coraggio e che il suo effetto passava il giorno dopo, così come al loro papà passava la sbornia del vino. È corsa voce in città che alcune autorità fossero al corrente della situazione fin dall'inizio e che non siano intervenute tempestivamente. Probabilmente sono dicerie. Ad ogni modo, l'ingresso della polizia nel campo con conseguente arresto in massa è avvenuto recentemente, quando la droga aveva devastato i Rom più giovani e meno giovani, fino ai quarantenni. Una grande percentuale di loro è adesso nelle prigioni della regione di Firenze, già processata o in attesa di processo.

9. *Un fiore all'occhiello*

La pavimentazione del "Campo Ospitalità" dell'Olmatello è di cemento. Alle tre del pomeriggio le pietre e le lamiere restituiscono una temperatura che si aggira intorno ai 40 gradi. Alcuni bambini nudi con una manichetta di gomma infilata in uno dei pochi rubinetti si bagnano a vicenda. Gli adulti non potrebbero mai fare una cosa del genere, visto il pudore che caratterizza la loro cultura.

Il campo dell'Olmatello che ho fatto vedere a Liuba è il "fiore all'occhiello" del Comune di Firenze e della sua cosiddetta "Politica di Accoglienza".

10. *I Medici, che nostalgia*

Firenze è notoriamente una città conservatrice. Senza timore di esagerare la si può definire tranquillamente una città reazionaria. Tale "reazionarismo", più che di carattere ideologico è probabilmente di carattere culturale. Le radici medicee di cui si parlava prima possono essere certamente alla base di questo "bagaglio genetico". Ricordo un sindaco di alcuni anni fa (prima che in Italia cominciassero a lavorare i giudici di "Mani Pulite"), la cui giunta consiliare ha amministrato la città per alcuni anni, che dopo la sua vittoria alle elezioni comunali, nel suo discorso di insediamento, pronunciò questa magnifica frase: "Restituiremo Firenze allo splendore dei Medici".

Al di là delle vicende giudiziarie nelle quali fu poi implicata l'amministrazione di questo sindaco, al di là delle condizioni ambientali in cui si trova la città (secondo le statistiche pubblicate quest'anno in Italia, Firenze è una delle città più inquinate, più sporche e più rumorose d'Europa), propenderei nel pensare che tale obiettivo sia ancora lontano. A meno che non ci si voglia riferire alla mentalità politica dello Stato dei Medici di cui si diceva sopra.

11. *Camera con vista*

Il "Rinascimento" a cui Firenze sembra essere devota in questa fine di millennio va naturalmente di pari passo con il degrado della civiltà occidentale affidata all'immagine dei media. Perciò, se il turista troverà un centro storico dove le pizzerie self-service con orribili banconi di zinco approvvigionano il visitatore frettoloso sceso dal pullman con una fetta di pizza su un foglio di carta stagnola e una lattina di Coca-Cola (così come il turista più esigente e più dotato monetariamente potrà disporre di negozi di superlusso dove comprare valigie di pelle e abiti disegnati da stilisti a prezzi quotati alla borsa di Wall Street), il turista più raffinato, che ha letto Ruskin e ha visto il film di Ivory *Camera con vista (A Room with a View)*, potrà pensare che il Rinascimento di Firenze è davvero senza fine. Curiosamente questo cliché sta continuando anche ai nostri tempi.

Si tratta della Firenze della cartolina con il tramonto rosato dal piazzale Michelangelo, del Ponte Vecchio, dell'oreficeria di imitazione, delle grandi feste di Palazzo (vere o presunte) che fanno pensare a coloro che giungono dai Paesi "a cultura giovane", come dicono i sociologi, che Lorenzo il Magnifico sia ancora vivo e vegeto. E la città di Firenze, con i suoi amministratori, fa il possibile per alimentare questa credenza. Con feste, balli e altre *mirabilia*.

12. *Il Gotha della Moda*

In questi giorni in cui conduco a spasso la mia amica Liuba per questa Firenze magnifica di Lorenzo il Magnifico, mi preoccupo di comprare qualche giornale cittadino onde ragguagliarla sulle magnificenze che la città può offrirle. IERI CENA NEL PIAZZALE DEGLI UFFIZI. È UNA SETTIMANA DI GRANDE LIVELLO, ANCHE SE PER POCHI, POCHISSIMI ELETTI, SI È SVOLTA UNA CENA VIP PER INAUGURARE LA NUOVA PAVIMENTAZIONE DEL PIAZZALE. Così titola a caratteri cubitali uno dei principali quotidiani. Mentre un'altra testata fondamentale comunica: IL SINDACO DICHIARA: SIAMO DI NUOVO CAPITALE. Non possiamo sapere se queste sciocchezze sono le letterali parole del Sindaco, tuttavia lo stesso giornale ci rassicura che: LA BIENNALE DELLA MODA HA RILANCIATO FIRENZE, MA È SOLO IL PRIMO PASSO. E che si tratta della BENEDIZIONE DEL GOTHA DELLA MODA ITALIANA ("la Repubblica", 22 settembre 1996). Il fatto è che gli stilisti stanno facendo le loro sfilate nei più importanti musei della città, e un parlamentare della destra, noto alle cronache rosa, definito "Il Personaggio", dichiara alla stampa: "Gli stilisti superano l'Arte". La città è felice. Talmente felice che, come recita un altro giornale cittadino, LA CITTÀ OFFRE PAPPA AL POMODORO PER I VIP TRA LE SUGGESTIVE CUPOLE DI ARATA ISOZAKI ("La Nazione", 21 settembre 1996). È una grande trovata scenica di un architetto e/o stilista che gli amministratori di Firenze hanno portato fin qui per continuare "il loro Rinascimento".

13. *Gli occhiali di Elton John*

Tali iniziative "rinascimentali" prevedono naturalmente altre trovate. Una di queste, ad esempio, è stata la mostra della collezione degli occhiali di Elton John in un palazzo-museo fiorentino. Le sfumature degli occhiali della star inglese, che toccano tutto l'arcobaleno, dal rosa al violetto, forse si sposano bene con i toni pastello di Botticelli. Così, immagino, devono aver pensato gli amministratori culturali del capoluogo toscano, nell'organizzare questa geniale mostra. Gli occhiali di Elton sono molto cari e anche le assicurazioni che li coprono: almeno pare che così fu detto agli organizzatori che avevano stabilito uno strano nesso logico fra le pitture rinascimentali e i colori del rock. Eppure costoro vollero sfidare il destino, quando si dice credere davvero in un progetto! Dai giornali risulta che sia stato un fiasco: pochissimi i visitatori, e il buco economico (la stampa ha scritto, mai smentita, tre miliardi di lire, cfr. "la Repubblica", 23 giugno 1998, articolo di Ilaria Ciuti) è stato coperto da un Istituto di Credito della città (cfr. BIENNALE DELLA MODA: LIBERATECI DA ELTON JOHN, "il manifesto", 11 ottobre 1998, articolo di Gabriele Rizza).

Diciamo che si tratta di una pagina non esaltante dell'Arte fiorentina, e soprattutto del suo "Rinascimento".

"Secondo le cifre del bilancio preventivo per la manife-
stazione di quest'anno il Comune di Firenze sborsa 300
milioni, la Regione Toscana 2 miliardi" ("la Repubblica", 20 giugno 1998). Tutto a scapito di quella scelta culturale che la demagogia a buon mercato definì pompo-
samente "Politica di Accoglienza".

14. *Una città, due anime*

L'attuale amministrazione di centro-sinistra che go-
verna Firenze ha fatto dell'accoglienza uno dei punti forti della sua politica elettorale, per conquistare i voti di
un elettorato progressista e della parte più civile di questa città. Perché, anche se finora non ne ho parlato, Firenze, oltre al suo Dna medìceo e conservatore, possiede anche un'anima fortemente civile, progressista e de-
mocratica che non sempre ha avuto i favori della Storia.
Ma basterà ricordare i nomi di Aldo e Nello Rosselli, di
Piero Calamandrei, di Giorgio La Pira, di padre Ernesto Balducci o di don Milani (che il vescovo di Firenze
esiliò a Barbiana), oltre a scrittori come Vasco Pratolini
e a tutta una cultura che caratterizzò Firenze negli anni
venti-trenta e che resta fondamentale per la storia italiana del Novecento (mi riferisco a riviste come "Sola-
ria" e più tardi "Campo di Marte" e a personaggi come
Montale, Vittorini, Gadda, Landolfi, Loria, Bonsanti
ecc.), per dimostrare che questa città possiede un'anima generosa e colta che può essere determinante per
certe scelte politiche.
La "Campagna d'Accoglienza" che ha consentito
all'attuale amministrazione comunale di vincere le elezioni, per chi come Liuba visita il campo rom dell'Olmatello (e con esso quelli del Poderaccio e dell'im-
provvisato campo Masini), non sembrerebbe essere sta-

ta perfettamente rispettata. Nonostante le conclamate promesse di "città aperta" secondo l'antico modello ateniese, lo spirito chiuso della città di Sparta sembra prevalere (anche se al posto degli atleti spartani sono valorizzati gli occhiali di Elton John). La "Associazione per la Difesa delle Minoranze Etniche" presieduta da Bianca Maria La Penna, potrebbe raccontare molto meglio di me le spaventose condizioni nelle quali versano i cosiddetti "accolti" in questa curiosa città (l'indirizzo e le pubblicazioni dell'Associazione sono forniti in *Bibliografia*).

15. I *Rom sottoproletari*

Avevo risparmiato finora a Liuba le condizioni dei rifugiati che non dipendono direttamente dalle Istituzioni della città. Sono i cosiddetti "clandestini". Clandestini tuttavia tollerati, che le Autorità cittadine hanno lasciato entrare, con la liberalità che contraddistingue un'astuta filosofia, purché si sistemassero lontani dai luoghi dove la loro presenza disturberebbe la vista dei tramonti sul Cupolone.

Costoro (i tollerati) si sono insediati soprattutto nella zona di Brozzi e delle Piagge, periferia dimenticata alla quale il Comune non ritiene necessario neppure concedere una biblioteca. Stretti fra la ferrovia che collega Firenze con Pisa e l'inquinatissimo fiume Arno, in compagnia di topi che raggiungono le dimensioni di gatti, questi "dannati della terra", come li avrebbe chiamati Frantz Fanon, hanno costruito le loro baracche, posato le loro roulotte ormai prive di pneumatici, vivendo la morte lenta di un piccolo popolo, ovvero ciò che la tolleranza del Comune benignamente concede loro: l'agonia. Sono privi di tutto. Non hanno nessun tipo di infrastruttura (acqua, elettricità, fognature, assistenza), né di sussistenza. Spesso neppure i documenti che provino che esistono come creature. Solo il loro corpo testimonia che ci sono persone vive, in questo breve deserto senza alberi e senza erba che è loro concesso a questo mondo dalla rinascimentale città di Firenze.

Se si può dire che i Rom dei cosiddetti "Campi di Accoglienza" dell'Olmatello e del Poderaccio sono la "borghesia" degli Zingari arrivati a Firenze, questi sono il *Lumpenproletariat* rom. Ed è qui che ho deciso di portare in visita la mia amica Liuba.

16. *Un prete di periferia*

Brozzi, Le Piagge. È la periferia nord verso Pistoia, un non luogo che appartiene a Firenze ma che Firenze la rinascimentale ha ripudiato come una madre che abbia partorito una creatura indesiderata. Eppure Brozzi e Le Piagge mantengono una loro dignità antica, una grazia provinciale e quasi paesana solo in parte deturpata dalla brutta urbanistica tipica di molte periferie italiane. Più che altro l'abbandono e la solitudine, direi lo spaesamento, che qui si avvertono, al di là dei problemi sociali evidenti, consistono nel fatto di capire che Firenze "non le vuole".

C'è un'antica casa-torre sopravvissuta dall'epoca in cui questa zona era una bella campagna abitata da magioni signorili, che potrebbe costituire per questo luogo e per i suoi abitanti una sorta di legittima appartenenza al tempo, quasi che ciò consentisse loro di opporre al furto di identità perpetrato nei loro confronti un elemento del reale visibile che li ancorasse alla Storia, impedendogli di fluttuare nell'indeterminazione di un Dove e di un Quando che l'urbanistica cresciuta successivamente comunica. La casa-torre, che gli abitanti della zona chiamano "Il Torrione", e che appartiene al Comune di Firenze, è disabitata e inutilizzata. Per iniziativa degli abitanti più intraprendenti si è costituita una piccola associazione culturale: e le persone hanno acquistato dei libri, ne hanno chiesti altri in omaggio ad amici o a case editrici e hanno fondato una bibliotechina di quartiere. Hanno affittato due stanzoni adiacenti alla casa-torre, nei quali hanno sistemato i loro pochi volumi e dove si riuniscono la sera per leggere e per discutere. Hanno chiesto al Comune di poter utilizzare la casa-torre, e aspettando fiduciosi la risposta hanno intanto battezzato la loro sede "Biblioteca del Torrione", facendo anche stampare da una tipografia della carta da lettere intestata dove un disegno sobrio e un po' ingenuo riproduce l'antica magione. In quante maniere si può esprimere quello che Freud chiamò "la proiezione del desiderio"!

Desiderio che è rimasto tale perché il Comune, che inizialmente aveva promesso una ristrutturazione dell'antico edificio, si è poi chiesto che cosa se ne possano fare gli abitanti di Brozzi e Le Piagge di una biblioteca, arrivando alla conclusione che costoro hanno semmai bisogno di un bel supermercato.

Nel vuoto di una qualsivoglia struttura comunale, una presenza di civiltà è costituita da una chiesa e dal suo ministro, un giovane prete che non è venuto qui solo a dir messa: don Alessandro Santoro. Nel centro sociale che ha costituito, l'associazione "Il Muretto", in un capannone prefabbricato vicino alla sua parrocchia, egli stesso e i volontari che lo aiutano insegnano a leggere e a scrivere a bambini o anziani rom o extracomunitari. Insegnano l'italiano, prestano soccorsi concreti con generi di prima necessità (indumenti usati, un po' di cibo) ai più indigenti, organizzano dibattiti su argomenti di vario tipo (prevenzione dalla droga, da certe malattie, geografia e geopolitica del mondo, ecologia ecc.), pubblicano un periodico dedicato ai problemi della periferia, "L'Altracittà" (cfr. *Bibliografia*) che stampato artigianalmente è diffuso o venduto secondo l'offerta di ogni acquirente. Su "L'Altracittà" si leggono notizie e articoli su argomenti leggermente diversi da quelli che si trovano di solito sulla comune stampa cittadina, anche perché i suoi redattori e i suoi lettori non hanno ancora imparato a interessarsi del Gotha della Moda e degli occhiali di Elton John. Chissà che questo non possa essere proprio uno dei motivi che hanno procurato a don Santoro un atteggiamento di non eccessiva simpatia da parte del Comune di Firenze. Perché se egli avesse dimostrato una maggiore buona volontà, magari dedicando qualche articolino su "L'Altracittà" al Gotha della Moda e auspicando che anche la sua periferia fosse rallegrata dai colori primaverili degli occhiali di qualche rockstar (magari con una mostra itinerante) chissà se non avrebbe evitato certe frizioni con le Istituzioni cittadine. Invece questo prete testardo ha insistito a occuparsi degli Zingari di Brozzi, dei marginali, degli ex tossicodipendenti, degli sfrattati e, perdipiù, del problema degli alloggi. E questo ha davvero fatto perdere la pazienza all'amministrazione comunale.

Il cosiddetto "problema della casa" consiste a Firenze (come forse altrove) in un certo numero (pare ampio) di case sfitte, di cui il Comune è a conoscenza, se non ne è addirittura proprietario, che non vengono utilizzate e che potrebbero esserlo quando persone senza tetto cercano casa o quando si verificano sfratti (il che è frequente). Alcuni mesi fa don Santoro si offrì di ospitare un giovane con una figlia (un cosiddetto ragazzo-padre) che era stato sfrattato dal suo appartamento e che sarebbe finito sotto un ponte con la bambina. E poiché l'altra stanza del suo appartamento era già occupata da una coppia di ex tossicodipendenti che don Santoro cercava di aiutare per un reinserimento nella società, egli prese una stufetta e una branda da campo e si trasferì in un casottino dell'Enel vicino a casa sua, dove si sistemò alla bell'e meglio. Fu fotografato dalla stampa, che gli dedicò una certa attenzione, e il suo gesto, severamente definito "esemplare", non piacque troppo al Comune, che prese subito i provvedimenti del caso.

L'abitazione di don Alessandro Santoro è situata al pianterreno di uno dei palazzoni di edilizia popolare del quartiere di Brozzi. Un appartamento modesto, è superfluo dirlo, così come è modesto lo stesso edificio: un alveare dove abitano decine di famiglie, anche se decoroso e ben tenuto. Tale appartamento appartiene al Comune di Firenze, che lo ha affittato alla Curia, che a sua volta vi ha sistemato il suo prete. E il Comune di Firenze ha sfrattato don Santoro. Per una ragione molto semplice: perché se egli è uscito di casa collocandovi altre persone significa che subaffitta il suo appartamento, il che non è ammesso dalla legge.

La legge a volte consente trovate geniali. Tuttavia il Comune non è riuscito a sfrattare don Santoro. Egli ha saputo difendersi con intelligenza e vigore, molti cittadini si sono schierati dalla sua parte, e c'è da presumere che la Curia fiorentina abbia fatto capire all'amministrazione comunale, così ligia alla legge, che un'osservanza troppo ortodossa può condurre al ridicolo.

17. *La famiglia Krasnich*

Sul terreno spelacchiato svolazzano fogliacci spazzati dal vento come aquiloni poveri. Le discariche di immondizia, che nessuna Azienda di Nettezza Urbana si preoccupa di raccogliere, accompagnano la biforcazione della strada come terrapieni di una guerra di trincea: a sinistra le baracche che si estendono verso Firenze, a destra tre o quattro roulotte sgangherate e le due baracche in una delle quali vive la famiglia Krasnich, che io conosco bene, dove guido Liuba. Conosco queste persone da qualche anno. Il capofamiglia ha la mia età ma dall'aspetto lo si direbbe mio padre. È malato di diabete. Qui non gode ovviamente di nessuna assistenza medica, perché egli "non esiste". Leniva la sua malattia con medicinali tedeschi che si era procurato nel suo lungo viaggio dalla Jugoslavia fin qui, durante la sosta in territorio tedesco. Quando lo conobbi mi accorsi che alcuni di essi erano scaduti e che gli altri erano medicinali antagonisti fra di loro, se presi secondo dosaggi arbitrari, senza il controllo medico, nel senso che un tipo di medicinali abbassa la glicemia e altri la alzano. L'intervento di due medici volontari che la "Associazione per la Difesa delle Minoranze Etniche" e la "Comunità di Sant'Egidio" riuscirono a trovare gli ha impedito un sicuro coma diabetico. Ora i medici volontari non vengono più, ma il vecchio Krasnich sopravvive con i suoi dosaggi ragionevoli di insulina e altri medicinali.

Ha una moglie gentile, con un volto minuscolo e due grandi e vivaci occhi neri. Otto figli, la più grande di venticinque anni, il più piccolo di otto. La madre ha quarant'anni. È lei che ha salvato la famiglia dallo scempio. Quando arrivarono dalla Jugoslavia furono alloggiati al campo dell'Olmatello. Avevano perlomeno un container per dormire, e le "comodità" già descritte nel terzo paragrafo. In compenso, c'erano i trafficanti di droga della città che avevano individuato in quel campo persone facili da rendere schiave per poi farne dei comodi spacciatori. E infatti gli abitanti dell'Olmatello sono stati completamente devastati dalla droga, e un'alta percentuale è nel carcere di Sollicciano. Durante i tre o quattro anni in cui lo scempio è stato consumato, nessuno, pare, si è mai accorto dei loschi personaggi che frequentavano il campo di accoglienza. Poi, un bel giorno, la polizia ha fatto una retata, quando tutti i giovani erano già distrutti. Ciò potrebbe far pensare alle famose "Epifanie" di Joyce: un'illuminazione improvvisa, un giorno, conduce le forze dell'ordine alla scoperta di un male ignoto. Il ricco trafficante slavo, munito di Mercedes e di roulotte, che tutti gli abitanti del campo temevano e rispettavano, era purtroppo sparito con la sua automobile il giorno precedente alla retata. Chissà che non abbia avuto una "epifania" joyciana anche lui.

La moglie del vecchio Krasnich, donna gentile e saggia, si era invece accorta, al contrario di chi avrebbe dovuto controllare il campo, di quello che stava succedendo. E l'unica forma di difesa per i suoi figli in pericolo fu di rinunciare alle "comodità" che generosamente il Comune di Firenze le offriva, raccattare le sue pentole e i suoi quattro stracci e rifugiarsi con la sua famiglia qui, accanto all'"Arno d'argento," dove "si specchia il firmamento" come dice la canzone, esposti ai topi e alla leptospirosi. "Ma tanto," dice filosoficamente la donna, "la situazione è rimasta la stessa."

I figli, maschi e femmine, sono gentili, obbedienti, delicati. I due più grandi sono analfabeti e stanno cercando di alfabetizzarsi grazie al "Centro Sociale" di don Alessandro Santoro, l'unica struttura di appoggio che funziona in questa periferia, e vi vanno nel primo pomeriggio, accompagnati dai bambini più piccoli, in gruppetto, come se andassero in gita, timidi e vergognosi prima di recarsi in città per l'unica forma di sussistenza che è loro concessa: vendere rose nei ristoranti.

Non hanno mai praticato attività illecite. Solo una volta, per Natale, la madre è stata fermata dai vigili poiché chiedeva l'elemosina a un semaforo accompagnata dal bambino che allora aveva pochi anni. Fu portata in questura per sfruttamento del lavoro minorile. Dichiarò che il suo bambino non mangiava da due giorni. La polizia, che a volte ha buon cuore, non la trattenne, ma lo "sfruttamento" è stato denunciato alla magistratura, e un pretore l'ha condannata a una multa di tre milioni, da pagarsi in rate di centomila cadauna.

Recentemente è arrivato dal Kosovo un loro cugino (gli Zingari sono tutti cugini, hanno parentele larghissime), accompagnato da moglie e figli, che si è rifiutato di prendere il fucile per l'esercito serbo. È un giovane robusto e potrebbe essere un buon soldato. Evidentemente non ha un grande senso patriottico, e lo confessa candidamente. Ci dice: "Amici, io, Zingaro, devo combattere per bandiera?".

Un po' più in là, mimetizzati fra cespugli e detriti, un paio di piccoli insediamenti che sono spuntati all'improvviso come i funghi. Pochi giorni fa non c'erano. Sono i cugini del cugino, tutti Kosovari, che lo Stato serbo avrebbe voluto munire di moschetto perché sparassero sui loro confratelli albanesi del Kosovo. "Preferisco vivere!", ci dice uno di loro con malizia imitando la pubblicità progresso del Ministero degli Interni italiano che era lo slogan di una campagna contro la droga. E a Liuba, corteggiata da una ragazzina che le ha portato il caffè alla turca e che ammira le sue Timberland, il giovane kosovaro chiede, in aggiunta: "Vivere? Signora americana, questo si chiama vivere?".

18. *Cerim*

Cerim ha quattordici anni, e sua madre non gli consente ancora di prendere il caffè. "Bibita da grandi," specifica lui rassegnato, distribuendo a noi e ai genitori bustine di zucchero di cui si è sicuramente rifornito in qualche bar cittadino. È un bel ragazzo, ha un forte strabismo, una leggera peluria sopra il labbro superiore. "Cerim, devi farti i baffi," dico, "ormai è necessario." "La mia mamma non mi dà il permesso," risponde Cerim compito, "dice che i ragazzi li possono fare solo dopo i quindici anni." "Ma così vendi meno rose," dico io, "con l'occhio storto che hai e codesti baffacci non inviti a comprare le rose, i turisti sono persone raffinate, caro Cerim, sono venuti a Firenze per vedere le bellezze del Rinascimento, mica un ragazzo brutto come te." Cerim ride. "Tabucchi vuole sempre scherzare," dice. Cerim mi tratta per Tabucchi, accompagnando sempre il mio cognome con la terza persona. "Tabucchi come sta?", "Tabucchi cosa ha fatto?", mi chiede sempre quando arrivo. E io gli rispondo: "Ti riferisci a mio fratello?". "No!" risponde sempre Cerim, "mi riferisco a Tabucchi Tabucchi." "Allora io sono un doppio Tabucchi," insisto io. E le nostre conversazioni vanno avanti così, scherzando.

19. *Chi vuole raccontare una storia?*

Di queste persone, superfluo dirlo, non si occupa nessuna istituzione, civica, politica, amministrativa. La Città del Rinascimento, che si era dichiarata così ospitale, non si è accorta che costoro esistono. Anzi, in realtà si è accorta (come poi dirò) che in questo luogo non ci sono le condizioni igieniche necessarie, e ha proceduto secondo una logica così cartesiana da sembrare lapalissiana. Invece di crearle, le condizioni igieniche, il che non rientra in questa logica, ha espresso l'intenzione di allontanare questi "abusivi", come ha dichiarato l'Assessore alla Sanità e alla Sicurezza Sociale, una persona evidentemente rispettosa dell'igiene. Ma per quanto riguarda storie di igiene è bene sentire gli "abusivi" stessi. "Raccontatela voi, la storia" dico alla famiglia. Si consultano nella loro lingua. Il padre non parla italiano (o finge, questo non l'ho mai capito). L'italiano della madre è stentato. Tocca a Cerim. Ed ecco la storia.

20. *Cerim comincia ma è triste*

"Allora dunque dicevo... Insomma, Tabucchi, devo proprio raccontare la storia?... Ma alla tua amica gli interessa la storia?... L'anno scorso mio fratello si era innamorato di una ragazza (*risatina*)... È logico, un ragazzo si innamora di una ragazza, no, Tabucchi? (*risatina*)... E la ragazza era gagé, anzi supergagé, cioè di Firenze... Carina!... O meglio, no!... Cioè, carina sì... Ma era lei che si era più innamorata di mio fratello (*risatina*)... Però anche lui... E così lei è rimasta incinta. Lei era di famiglia buona di questa città, o posto più o meno vicino, col babbo dottore, se di animali o di cristiani non so, però dottore... E lei diceva che era cativo... Perché lei poverina per non stare a casa del suo babbo cativo, che si era risposato con un'altra donna, cativa pure, perché la sua mamma vera era in manicomio, e la sua nuova mamma cativa gli aveva fatto un fratellino piccolo al quale volevano bene solo a lui, e a lei no, almeno così ci raccontava... Lei, poverina, è andata via di casa e ha trovato lavoro in un bar elegante come lei e sua famiglia, di Firenze centro, e lì ha conosciuto mio fratello, si è innamorata ed è rimasta incinta... E allora ha deciso di venire a stare qui con noi al campo... Ma te sai meglio di me Tabucchi... Perché non racconti te?... Beh... allora se te non racconti io continuo... Lei venuta qui stare al campo e preso decisione stare insieme. E così immagina, signora americana, che tu capisci, lei ragazza gagé che faceva cassiera in un bar elegante di Firenze, dove vanno tanti turisti con soldi, turisti veri, eh, mica finti, è venuta qui in questa merda di campo, dentro roulotte che ci era regalata da amici... come Tabucchi sa bene... E la sua bambina di mio fratello è nata piccolina, piccolina di due mesi indietro di quello che si deve nascere, faceva un caldo, era quasi agosto, io non ho più voglia di raccontare... E insomma mi sento anche un po' triste, vero Tabucchi che sono triste?..."

21. *Tabucchi continua*

"Erano i primi di agosto," dico, "faceva un caldo soffocante. Qui non c'è elettricità, il Comune non ce l'ha mai portata. C'è però un tubo dell'acquedotto comunale con un rubinetto, e tutta questa gente che vedi, Liuba, sia quelli insediati qui, sia gli 'abusivi' dell'altra parte, si riforniscono di acqua a questo tubo. La bambina non sembrava una bambina, sembrava una mela vizza, aveva un volto allo stesso tempo antichissimo e da feto come hanno i bambini prematuri.

"La ragazza, che chiamerò Julianella per usare un nome convenzionale, dopo aver partorito ha deciso di venire in questa specie di campo. Naturalmente io e anche altri amici l'abbiamo sconsigliata, ma lei non ha voluto intendere ragioni. Era una ragazza dal carattere volitivo, almeno apparentemente. Io questa famiglia la conosco ormai da alcuni anni. La ragazza invece l'ho conosciuta negli ultimi tempi, quando stava per partorire. Aveva, a quanto mi raccontava, un minuscolo appartamentino in una zona centrale consistente praticamente in una stanza più servizi, luogo che aveva trovato dopo che, come diceva Cerim, aveva deciso di abbandonare la sua famiglia 'cativa'. Per questa abitazione, se ben ricordo, diceva di pagare circa 700.000 lire al mese, e poiché guadagnava poco meno di due milioni, avrebbe potuto benissimo restarci. Le motivazioni della sua scelta di abbandonarlo tuttavia sembrarono abbastanza plausibili, perché non potendosi ovviamente permettere una baby-sitter, e poiché il bar del centro nel quale lavorava le imponeva ciclicamente anche degli orari quasi notturni (il bar chiudeva a tarda notte) non poteva lasciare la bambina da sola mentre la madre del suo compagno, che lei chiamava 'mia suocera' e che con lei è sempre stata molto affettuosa, avrebbe potuto custodire la bambina durante la sua assenza. Sia io che altri amici cercammo di farle capire le difficoltà pratiche che avrebbe dovuto affrontare con la sua scelta: la scomodità dell'accampamento, la quasi totale mancanza di servizi igienici, e tutto il resto che puoi immaginare. Ma la ragazza non ne volle sapere. Peraltro devo dirti che la famiglia Krasnich le offrì il meglio di quel niente che possedeva: quella roulotte dove dormivano in sei e di cui ora resta, come vedi, quel troncone bruciacchiato dopo l'incendio causato da una candela che un bambino ha fatto cadere tempo fa. La roulotte, che allora era bella, comoda e nuova, un regalo delle persone amiche della famiglia Krasnich, fu dunque messa a disposizione della coppia di 'giovani sposi'. E così arriviamo alla fine di luglio, dove finisce il racconto di Cerim. Stavo per partire per le vacanze. Un pomeriggio ricevo una telefonata (sullo stradone come hai visto c'è una cabina telefonica) allarmata, direi disperata, del più giovane dei Krasnich che chiede il mio soccorso. Gli domando cosa è successo. Mi risponde che sono venuti i vigili comunali e hanno sigillato il tubo della fontanella con il piombo. Perché? Semplice: perché non pagavano la bolletta. È naturale, del resto. Quel tubo è comunale, ma non è attribuito a nessun utente, dunque pubblico, e loro stanno lì da anni e hanno sempre usufruito di quell'acqua. Mi precipito a constatare l'accaduto: tutto vero. Cerco di telefonare al Sindaco, ma non è poi così facile. Mi fanno parlare con qualcuno la cui qualifica, mi viene detto, è il suo 'curatore dell'immagine', e che forse svolge anche compiti di pubbliche relazioni. Questa persona mi promette di riferire. Sono obbligato a desistere. Passano due giorni. A Firenze, ripeto, eravamo sui trentotto gradi. Per gli Zingari accampati l'acqua pubblica più vicina si trova a circa due chilometri, oltre il viale delle Piagge, dove tutte le famiglie dell'accampamento andavano a rifornirsi con dei bidoni. Faccio un nuovo tentativo telefonico, almeno per cercare di avere un appuntamento con il Sindaco o con una Autorità che possa risolvere la situazione. Impossibile, per il muro di evasività che mi trovo di fronte.

"Non mi resta che informare personalità al di sopra dell'Amministrazione cittadina e invio un telegramma al Sindaco, al Cardinale di Firenze Arcivescovo Piovanelli, al Presidente della Repubblica e al Ministro degli Interni, al Presidente italiano di Amnesty International, e per conoscenza alle pagine regionali di un giornale nazionale, 'la Repubblica-Firenze', che lo pubblica parzialmente il primo agosto. Lo stesso giorno, nel pomeriggio, il Sindaco mi telefona a casa. È una telefonata garbata come la persona. Naturalmente è disponibile a risolvere questa situazione assurda, non sa a chi attribuire la responsabilità, se ai Vigili Urbani o ai custodi dell'acquedotto, e mi pare quasi di capire che sia all'oscuro di tutta la situazione. Mi chiede di indicare l'esatta topografia della fontana e mi prega di farlo con un impiegato che possa capire le mie indicazioni. A questo punto mi passa un interno.

"Non so bene con chi parlai quel giorno, perché sul momento non pensai di chiedere alla persona con cui parlavo di identificarsi. Era una voce femminile gentile e sollecita, alla quale detti tutte le indicazioni necessarie affinché arrivassero sul luogo, e che mi chiese il nome di questa famiglia con la bambina piccola, che maggiormente era stata danneggiata da quella incresciosa situazione. 'Si chiamano Krasnich,' risposi ingenuamente, senza mantenere quel riserbo che credo si debba usare nel fare i nomi di stranieri che si trovano in Italia e ai quali è scaduto il permesso di soggiorno.

"Il giorno dopo la situazione era risolta: il Comune autorizzò don Santoro a togliere i sigilli di piombo del tubo (non ho mai capito perché non lo riaprirono gli stessi vigili che lo avevano chiuso) e io partii tranquillo per la mia vacanza in Portogallo. Erano i primi d'agosto. Due giorni dopo, a Lisbona, una telefonata davvero disperata di un giovane Krasnich, che poi si interruppe a metà per mancanza di monete, mi comunicava un fatto davvero inaspettato di cui ebbi l'informazione esatta la sera: la polizia era arrivata all'accampamento, dove abitano molte famiglie, con un mandato di espulsione per i componenti maschili della famiglia Krasnich, nome con il quale sembravano avere la massima confidenza, come se li conoscessero da vecchia data. Ci sono varie famiglie di Rom, in quella zona, e ciascuna ha il suo nome. Stranamente però la polizia si diresse proprio dai Krasnich. Andandosene, tanto per far ben capire che non erano venuti per scherzare, lasciarono un visibile segno della loro visita.

"Cerim, vuoi andare avanti tu?"

22. E continua

No, Cerim non ha proprio voglia di andare avanti. Non ne avrei più voglia neanch'io, per la verità. Ma Liuba è venuta apposta per sapere e io sono qui apposta per raccontare, perché io conosco le cose e questo è il mio compito.

"Cercherò di essere sintetico, Liuba. Qualche giorno dopo ricevetti due fogli via fax, come avevo chiesto alla famiglia Krasnich, dove mi veniva sommariamente raccontata questa 'visita' al campo. I fax li scrisse di suo pugno Julianella e furono inviati da una cartoleria di Firenze. Gli uomini Krasnich cercarono di farsi trovare il meno possibile, in quest'arte gli Zingari sono bravissimi, vi sono abituati da secoli. Così passò l'estate, e tornato a Firenze ritrovai la situazione come prima. Sarò breve. La ragazza manifestava un desiderio spasmodico di convolare a nozze con il suo compagno. Ci facemmo in quattro per aiutarli da un punto di vista legale, anche se non era proprio facile. Io stesso parlai perfino con un funzionario del Ministero degli Esteri, affinché riuscisse a far arrivare dal comune di origine del giovane Krasnich, nella ex Jugoslavia, il certificato di nascita e un altro documento necessari per regolarizzare la sua posizione in Italia e per sposare l'innamoratissima Julianella che mi telefonava ogni tre giorni oppure suonava il campanello di casa mia. Un'altra possibilità per risolvere giuridicamente la situazione sarebbe stata che il giovane Krasnich facesse un atto di riconoscimento della figlia: in tal caso il permesso di soggiorno e conseguentemente i documenti per sposarsi sarebbero stati facilitati. Ma a questo si oppose fermamente la ragazza, con una motivazione non del tutto ingiustificata: che se la bambina veniva riconosciuta dallo Zingaro e intanto continuavano a vivere in quel luogo, il Comune avrebbe potuto mandare un'ispezione e sottrargli la bambina affidandola a una famiglia o a un ente assistenziale con ovvie motivazioni socio-sanitarie. E come si può capire da quanto ho già detto, quello di Firenze è un Comune con forti preoccupazioni socio-sanitarie. Inoltre la ragazza sosteneva di aver passato un'infanzia infelice proprio perché, avendo una madre malata di mente, era stata affidata ad assistenti sociali e non voleva che sua figlia subisse la stessa sorte. Se ciò sia verità o menzogna non potrei affermarlo, ma è quello che Julianella diceva non solo a me, ma a tutti coloro che andavano ad aiutare la comunità dell'accampamento di Brozzi.

"Il resto della storia è meno allegro di quanto il principio facesse sperare: la roulotte che brucia per una candela urtata da un bambino (e con essa, va detto, i pochi documenti personali che dimostrino l'esistenza di queste persone), la baracca dove dormivano i vecchi e i bambini, danneggiata anch'essa dall'incendio, notti passate a cielo aperto il tempo necessario affinché la famiglia Krasnich ricostruisse un tetto con i materiali acquistati dalle persone che si occupano di loro, e infine la sorpresa: dopo una mia assenza, torno al campo e Julianella non c'è più, è partita con la bambina. Il giovane Krasnich è angosciato e ansioso: dove saranno la sua compagna e la sua bambina? Sparite nel nulla. Il 5 luglio 1998 esce su 'la Repubblica-Firenze' una storia lacrimosa riportata da una giornalista locale, Claudia Fusani, dove una povera ragazza, con il nome cambiato, ma nella quale si riconosce perfettamente Julianella, racconta come in un feuilleton il suo grande amore ucciso dalla violenza e dalla malvagità degli Zingari. LA STORIA D'AMORE FINISCE IN VIOLENZA, titola il giornale. Sequestro di persona, percosse, violenze di tutti i tipi, appropriazione indebita dei suoi beni, ostaggio di una figlia piccola che addirittura avrebbe potuto essere venduta. Sembra una storia che le cameriere nelle case di buona famiglia in altri tempi raccontavano ai bambini, perché con la paura degli Zingari andassero a dormire. A distanza di pochi giorni, raccolta dalla stessa giornalista, sempre la stessa storia con maggiori dettagli: LA MIA FAVOLA INFRANTA ('la Repubblica-Firenze', 11 luglio 1998). E come era logico aspettarsi, alla Questura di Firenze è depositata contemporaneamente una denuncia con queste gravi accuse. Il giovane Krasnich è arrestato con procedura d'urgenza e portato nel carcere di Sollicciano, dove resta per oltre due mesi senza aver la possibilità di comunicare con nessuno. L'innamorata di un tempo fa sapere di essere al sicuro, laddove la 'vendetta' dei Krasnich non la potrà mai raggiungere. Cosa ci sia dietro questa storia per ora è impossibile dirlo. È faticoso pensare che la persona che manifesta un rancore contro suo padre e la sua seconda madre, poiché non si erano neppure manifestati allorché era nata la piccola, tessendo le lodi maggiori dell'affetto con cui era stata accolta presso la famiglia Krasnich, sia la stessa persona che lancia adesso queste accuse infamanti. Così come è faticoso pensare che l'amore da Valentino e Valentina degli innamorati di Peynet, che io vedevo durante il giorno, si trasformasse, durante le notti nella roulotte, nelle tenebrose violenze descritte sul giornale. Tutto può essere, perché la realtà è sorprendente, esistono i Dottor Jekyll e Mister Hyde, così come esistono gli psicolabili, i rancori più segreti di cui si occupa la psicoanalisi, e le vere violenze di cui si occupano i giudici. Fatto sta che la famiglia Krasnich non può neanche portare i panni di ricambio al figlio imprigionato che porta le stesse mutande da almeno due mesi. La 'Associazione per la Difesa delle Minoranze Etniche' purtroppo non mi pare che sia finora riuscita a farsi dare spiegazioni e a movimentare i suoi avvocati, senz'altro anche perché, come mi è stato detto, si deve occupare di ottocento Rom incarcerati per i più diversi motivi, potendo contare solo su due o tre strenui volontari. Non so se una Associazione di poche persone così isolate, per quanto irriducibili e coraggiose, delle quali ho profondo rispetto, in una città impermeabile e sorda come questa non dovrebbe dichiarare fallimento, anche solo come gesto provocatorio e clamoroso che facesse vergognare Firenze e l'Italia. Ammesso che questa sia ancora una moneta in circolazione di questi tempi. Ma forse, chissà, tutti noi ci vergogniamo di far vergognare gli altri di ciò di cui dovrebbero vergognarsi, come se la vergogna che sentiamo fosse una moneta fuori corso, perché arcaica, buona solo per i numismatici.

"Fine della storia."

23. *Quando gli stilisti superano l'Arte*

L'EUFORIA DI SGARBI: GLI STILISTI SUPERANO L'ARTE. STRETTO ALLA BELLISSIMA ELEONORE, IL CRITICO S'INFIAMMA ED ELOGIA GLI ESTETI DEL TEMPO

Avvinghiato alla biondissima Eleonore, gonna maculata e guêpière color carne, Vittorio Sgarbi è venuto a vedere, da esperto uomo di mondo, la Biennale e ha visitato già alcune delle sue mostre. Subito senza esitazione, il critico delle mille polemiche dice chiaro che Firenze ha vinto. È davvero singolare – attacca Sgarbi – che mentre la Biennale di Venezia compie cento anni, questa di Firenze comincia il suo primo anno. L'idea è grande, l'esperimento tentato alla Leopolda addirittura entusiasmante. Lì vedi l'invenzione e la gara tra stilisti e artisti. Sgarbi non ha dubbi: vincono gli stilisti, vince l'estetica della strada. La qualità dei progetti della Leopolda per New persona/New Universe è assoluta. Non è una novità. La moda in questo secolo – continua Sgarbi – ha superato l'Arte. Da D'Annunzio in poi. Insomma un vestito di Armani o di Capucci vale più di un Guttuso... ("La Nazione", 23 settembre 1996).*

24. Festa grande

Firenze è in festa. Sta dando il meglio di sé. Sta offrendo al mondo la migliore immagine della sua cultura, come dicono i giornali.

VIA ALLE FESTE DEL VERTICE. IERI CENA NEL PIAZZALE DEGLI UFFIZI. BENVENUTA EUROPA

È cominciata la settimana delle meraviglie. Il primo appuntamento è per oggi alle quattro e mezzo, con la prova di Joaquín Cortés in piazza della Signoria. Comincia così questo straordinario evento europeo fatto anche di feste, mostre e spettacoli. Che avrà come momento suggestivo la sera del venerdì il concerto dell'orchestra e coro del Maggio nel giardino dei Boboli. È una settimana di grande livello, anche se per pochi, pochissimi eletti. Festa e luci anche ieri sera, nel piazzale degli Uffizi, dove si è svolta una cena-vip per inaugurare la nuova pavimentazione. Capitale d'Europa per una settimana. O forse per un po' di più, se da questo vertice, come si spera, emergeranno le soluzioni dei grandi problemi dell'Unione: la lira, la sicurezza interna ed esterna, l'occupazione, la pressione da Est e le realtà della fascia del Mediterraneo. Se così non fosse, se il vertice dovesse venir monopolizzato dall'Inghilterra e dai suoi problemi con la "mucca pazza", resterebbe ugualmente un appuntamento storico. Firenze, in ogni modo, ospiterà l'Europa, ospiterà i Paesi in lista d'attesa e che dovranno aspettare ancora un po' prima di essere accettati come soci. Ospiterà osservatori arrivati da ogni parte d'Europa. Ma questi sono i grandi temi: tutto intorno c'è Firenze con la sua organizzazione, la sua incredibile bellezza, la sua disponibilità, i suoi appuntamenti culturali e mondani che sono davvero tanti. E tutti di grande importanza. Finalmente Palazzo Strozzi si è spogliato della brutta e annosa transennatura e riapre i battenti – anche se non sappiamo in quali condizioni. Finalmente il piazzale di Palazzo Pitti è terminato, finalmente gli Uffizi non sono finiti, come temevamo, ma hanno fatto passi avanti. Anche nella disinvoltura architettonica. Difficile dire chi è stato il mago dell'estetica che ha coperto gli antichi soffitti con cartongesso e plafoniere in plastica uso cucina, ma è stato fatto anche questo, purtroppo. Poi le grandi mostre, i grandi incontri, le grandi scommesse culturali, i grandi appuntamenti nelle case patrizie, come quello a casa Frescobaldi, voluto dalla marchesa Bona, uno dei personaggi di riferimento della città civile e culturale. Firenze capitale per una settimana, ma anche Firenze capitale per sempre, se riscopre in questi giorni le sue grandi risorse di signora del mondo della cultura. La sua grande vocazione internazionale ("La Nazione", 18 giugno 1996).

Sì, ma questo succedeva tempo fa, quando Firenze non aveva ancora ritrovato la sua perduta natura rinascimentale. Oggi, settembre 1998, il vero "Rinascimento" è finalmente recuperato. Grazie alla Biennale della Moda, Firenze fa rifulgere in tutto il Mondo il suo splendore ritrovato. E Firenze ne è fiera, perché il Mondo (cioè i giornali di Firenze) si occupa di Firenze. La grande kermesse della Moda parte con un ballo, come vuole la tradizione delle grandi Corti europee, da Luigi XIV agli Asburgo. E i giornali locali danno a questo magnifico evento lo spazio che esso merita, perché hanno capito che gli Stilisti e i loro cortigiani, che rendono celebre l'Italia all'estero più della mafia e della pizza, sono, grazie alla loro squisita eleganza, i nuovi Signori di Firenze.

SORPRESA AL GRAN BALLO CON CUI È PARTITA LA RASSEGNA SU MODA & CINEMA. CENERENTOLA REGALA UN MILIARDO IN CRISTALLI

A mezzanotte in punto mentre Cenerentola perde la scarpetta i quasi mille invitati del gran ballo di Palazzo Corsini con cui si è aperta ieri sera la Biennale Moda e cinema si sono tuffati in un vero mare di diamanti. Nello scrigno ognuno ha pescato il suo regalo tra i cento chili di scintillanti cristalli Swarovsky del valore di mezzo milione di dollari, quasi un miliardo di lire. E dire che all'inizio, dopo aver attraversato il giardino dominato dalla siepe trasformata in cocchio, attrici, attori, manager della Century Fox e ospiti ragguardevoli di ogni genere, specie straniero, erano stati confinati nelle cucine allestite al piano terra del palazzo. Cupe e fuligginose come quelle della vera Cenerentola, ogni stanza della cucina dedicata a un cibo, pane, pasta, zuppe, fagioli, ribollite, come si conviene ai poveri. Mentre al piano di sopra già ballavano cinquanta giovani, pescati tra i rampolli della Firenze dorata. Solo alle undici e mezzo Cenerentola ha preso il volo per il suo principe verso il grande salone da ballo illuminato da due enormi lampadari a candele e verso venti metri di tavolo imbandito di dolci sopraffini. Mentre i due d.j. londinesi, che, alternati all'orchestra, hanno fatto ballare gli ospiti fino all'alba, irrompevano travestiti da sorellastre cattive.

Più di un ballo, una favola orchestrata dai due allestitori, Laura Santin e Simon Kostin. Una favola con tante Cenerentole in carne e ossa. Una superba Anjelica Huston in Valentino. La splendente Drew Barrymore vestita da Ferragamo, ingioiellata da Bulgari e dotata di vera scarpetta di perle, rasi e cristalli fatta sempre da Ferragamo per il film della Fox su Cinderella da lei interpretato. Asia Argento vestita Lawrence Steele, Lucrezia Lante della Rovere in abito Pucci, Gisèle con i clamorosi colori di Moschino, Natasha Richardson come Cenerentola di Ferretti in-

sieme al marito Liam Neeson. Applauditissimo l'ingresso di Sting, con la testa completamente rasata, folgorante quello dell'attrice Emmanuelle Seigner, accompagnata da Beppe Modenese, con un modello firmato Genny trasparentissimo e brillanti sparsi sui lunghi capelli. E poi Laura Morante, Claudia Gerini, la cantante Björk, Jo Champa vestita Missoni con uno spacco fino alla vita, il bellissimo Danny Quinn (figlio di Anthony) cavaliere della figlia di Laura Biagiotti che indossava l'abito di Claudia Cardinale ne Il Gattopardo. *Per la Gucci, Domenico De Sole, mentre il Sindaco era alla cena per l'inaugurazione del rinnovato mercato di sant'Ambrogio* ("la Repubblica-Firenze", 20 settembre 1998).

"Amica Liuba," le dico, "sono certo che a un'antropologa come te non può sfuggire il significato profondo e simbolico della Fiaba e del Mito, da Cenerentola al *Ramo d'oro* di Frazer. L'articolo che ti ho appena letto era nel giornale di ieri, ma se tu non avessi capito bene puoi completare i tuoi studi con il giornale di tre giorni fa: Eccolo."

STELLE DI HOLLYWOOD COME TESTIMONIAL DEGLI STILISTI NEL GIARDINO CORSINI. BALLO DA FIABA IN RIVA D'ARNO

Balleranno tutti domani sera a Palazzo Corsini per la festa di inaugurazione della Biennale Moda e Cinema. E a chi trepida al suono dei nomi illustri dello schermo penserà la Century Fox che porterà in riva d'Arno i protagonisti del suo ultimo film su Cenerentola, a cominciare dalla giovanissima Drew Barrymore vestita Ferragamo, Anjelica Huston con i panni di Valentino e Jeanne Moreau. Arriveranno anche una serie di altri attori. Molti per farsi vedere e altri per fare da testimonial agli stilisti che hanno creato la loro Cenerentola del Duemila. Quella di Valentino sarà in tulle rosa e grigio con gonna a crinolina e corpetto a cuore. Quella di Laura Biagiotti si ispirerà all'Angelica de Il Gattopardo. *Romeo Gigli vestirà Cate Blanhett, l'attrice dell'attesissimo* Elisabeth, *di un abito grigio a balze racchiuso in una grande cappa. Emmanuelle Seigner indosserà per Genny un abito di taffetà bianco a madreperla con una nuvola di tulle drappeggiata intorno al corpo. Lawrence Steele vestirà Asia Argento. Krizia coprirà Diane Lane di tulle, tessuto metallico, silicone jais e strass. L'abito di Trussardi sarà un tubino trasformabile in abito da gran sera, Ferretti vestirà la figlia di Vanessa Redgrave, Natasha Richardson, che verrà col marito Liam Neeson. Stephan Janson veste la sedicente modella Jacquetta Wheeler, Moschino la mannequin Gisèle. Dolce & Gabbana ha disegnato una Cenerentola del sud povera ma sensuale. E poi ci saranno Ferré, Galliano, Lagerfeld, Fendi che promette una gran sorpresa, Versace e via dicendo. Con la siepe a forma di cocchio nel giardino di palazzo Corsini, le cucine di Cenerentola con la loro brava ribollita, topini e bacchette magiche in cristallo Swarovsky* ("la Repubblica-Firenze", 18 settembre 1998).

25. I giornali osservano, ma c'è chi osserva i giornali

Liuba è una vorace lettrice di giornali. Da quando è a Firenze ha raccolto pacchi di pagine. Ora, che l'estate volge alla fine e che le prime piogge si annunciano, un articolo del 22 settembre mi fa quasi sospettare che cominci a rimpiangere in anticipo di dover partire.

L'EUFORIA DI PRIMICERIO, LA BENEDIZIONE DEL GOTHA DELLA MODA ITALIANA, LE PRIME CODE SOTTO LA PIOGGIA. IL SINDACO: SIAMO DI NUOVO CAPITALE. LA BIENNALE HA RILANCIATO FIRENZE, MA È SOLO IL PRIMO PASSO

L'architetto giapponese Isozaki dice che Firenze è una città congelata? – esclama il Sindaco –. Se intende che Firenze ha vissuto un lungo periodo di stagnazione, ripete quello che noi abbiamo sempre detto. Il nostro compito è di rimetterla in cammino. La Biennale è un passo di questo tentativo. Così, con un Mario Primicerio entusiasta, ha preso definitivamente il via ieri la grande sfida di Firenze. Quella di lanciare nel mondo una Biennale diversa da tutte le altre, avventura incrociata di moda e di arte che si confrontano fuori dal mercato. Un rutilante bagno di contemporaneità sposata agli antichi capolavori che si concretizza in quasi 15mila metri quadrati di mostre. Dalla borsa di Prada con le capre vive di Damien Hirst al Belvedere, dove nei geometrici padiglioni di Isozaki convivono artisti e stilisti, al geniale incontro di due giapponesi Nagato Iawasaki e Yamamoto alla Leopolda, l'intervento impalpabile di Armani agli Uffizi, quello rosso squillante di Valentino all'Accademia, fino alle crinoline di Ferré alle Cappelle Medicee. Musei, stazione Leopolda, il Pecci di Prato, la Sala Bianca di Pitti, tutto è coinvolto. Un'infinità di mostre (fino al 15 dicembre) inaugurate ieri in un Palazzo Vecchio dove l'architetto Fabrizia Scassellati si è ispirata ai ritrovi medievali per allestire la cena di festeggiamento per tutti gli artisti e gli stilisti. La Biennale dimostrerà che Firenze non è una città museo, ma una città viva, dice Primicerio. E Vittorio Rimbotti, il vicepresidente della Biennale e membro del consiglio di amministrazione della Cassa di Risparmio, ha già proposto di istituire un importante premio "Biennale di Firenze" per il giovane stilista che meglio interpreti l'arte. E se già qualcuno polemizza con questa Biennale: "Bene," conclude Primicerio, "le provocazioni servono per far discutere e far pensare".

E a Firenze si discute, si pensa, si resta strabiliati di un'invenzione che usa la moda per rilanciare l'arte contemporanea. Si traslocava, ieri pomeriggio, dalla cerimonia di Palazzo Vecchio al cocktail Ferragamo, riempiendo la strada fino quasi a bloccare via Tornabuoni. In testa l'immenso Ferré, dietro Marta Marzotto, i due Missoni, Christian Lacroix, Dolce & Gabbana, Karl Lagerfeld e via col Gotha dell'arte e della moda. Convinti ormai, anche quelli inizialmente più riluttanti, che la Biennale sia un'iniziativa di grande intelligenza e prospettive ("la Repubblica-Firenze", 22 settembre 1996).*

Per questo geniale evento culturale sono stati spesi circa quattro miliardi. Ma questo Liuba non lo sa ancora, perché verrà pubblicato dai giornali soltanto dopo che lei sarà partita. Se non potrà leggere i futuri giornali delle cronache fiorentine, perché ovviamente non li troverà in vendita nei chioschi degli Stati Uniti, sarebbe assurdo pensare che Liuba avesse letto la stampa degli anni scorsi. Perciò mi incarico di ragguagliarla sull'immagine che del popolo rom fornisce la stampa locale, grazie a una documentata tesi di laurea, di Iacopo Basagni, di cui le faccio regalo: *L'immigrato di carta. Analisi comparata della trattazione e della percezione giornalistica dei casi rom e albanese dal '95 ad oggi in Toscana.*

La tesi è recente, discussa nella sessione estiva degli esami di laurea del 1998. Prende in esame tre giornali di diversa tendenza: un giornale "di sinistra", "l'Unità", un giornale "conservatore", "La Nazione", e un giornale "liberale", "la Repubblica". L'analisi, di carattere semiologico, passa al pettine fino non solo tutti gli articoli riguardanti i Rom dal 1995 al 1998, ma anche i titoli, gli "occhielli" e le fotografie che li accompagnano.

Richiamo l'attenzione di Liuba sulle prime righe dell'introduzione. "Attraverso lo studio dei principali mezzi di informazione questo lavoro di ricerca si propone di analizzare il 'comportamento' di una fra le regioni storicamente 'più democratiche' d'Italia, la Toscana, di fronte all'aumentare del fenomeno immigratorio, principalmente di extracomunitari. La ricerca si svolgerà in tre parti: la prima parte, più estesa, sarà incentrata su Firenze, quindi principalmente sul 'caso rom', e procederà con un'analisi dettagliata dal luglio '95 fino al giugno '96; la seconda avvierà la problematizzazione delle questioni sociologiche che il caso rom richiama all'attenzione; la terza parte tenterà di completare il quadro, concentrandosi brevemente anche su altre zone della Toscana, principalmente la costa e il centro sud, pur rimanendo sempre centrale il ruolo del capoluogo, per prendere in studio le relazioni e gli atteggiamenti che principalmente nell'ultima quindicina di marzo '97 sono stati 'scatenati' dall'arrivo in Toscana dei profughi albanesi."

Lo studio si occupa di tutta la Toscana, anche se Firenze ne costituisce il luogo di indagine privilegiato. Tuttavia non può mancare come punto di partenza un grazioso episodio accaduto nella provincia di Pisa pochi anni fa, quando l'immigrazione rom, a causa della guerra in Bosnia, si fece più massiccia. È un gentile regalino che ci riporta alla memoria i pacchettini dei regali che trovavamo sotto l'albero di Natale nella nostra infanzia. Il luogo è un semaforo, di una strada della provincia di Pisa, dove una piccola bambina rom, in compagnia del fratello che lava i parabrezza delle macchine, ha il compito di stendere la mano per ricevere le monete. Da un'automobile che è ferma al rosso, una mano generosa offre alla piccola una deliziosa bambola. Luce verde, e la macchina parte di corsa, quasi che il

53

guidatore avesse pudore del suo generoso gesto. Che bello! La bambina rom non ha mai avuto una bambola, e stringe con affetto la sua pupazzetta contro il petto. Peccato che dentro ci sia un ordigno esplosivo che viene azionato a pressione, e che naturalmente fa il suo mestiere a dovere. La bambina sopravvisse, ma è rimasta sfigurata.

Del resto, se Liuba non se ne fosse ancora accorta, i Rom sono veramente cattivi. La stampa toscana, sistematicamente raccolta e esaminata da Iacopo Basagni, è qui a dimostrarglielo. NUOVI CAMPI NOMADI? POTREBBERO PROVOCARE UNA RIVOLTA POPOLARE, afferma "La Nazione" del 23 settembre 1995. I QUARTIERI SI RIBELLANO ALLE SOLUZIONI PROPOSTE DAL COMUNE. CORTEO DI PROTESTA A NOVOLI. NOMADI, UN PASSO PRIMA DELL'ESPLOSIONE. Il titolo vagamente allarmante ha un senso, perché le forze della destra stanno raccogliendo firme per cacciare i nomadi dalla città. Continua il titolo: ALLEANZA NAZIONALE E FORZA ITALIA INSISTONO: PRONTI AL REFERENDUM ("La Nazione", 24 settembre 1995). QUARTIERI SUL PIEDE DI GUERRA PER L'EMERGENZA NOMADI ("l'Unità-Firenze", 26 settembre 1995). L'articolo, oltretutto, è scritto con spirito di accoglienza e civiltà, cioè a favore dei nomadi. Ma parole quali "piede di guerra" e "emergenza", come fa notare Iacopo Basagni, creano un "ingiustificato" senso di allarme nel lettore. LE LEGGI SUL TERRORISMO PER I PICCOLI ROM CHE RUBANO ("l'Unità-Firenze", 4 ottobre 1995). È solo la proposta di un Procuratore forse eccessivamente zelante, che desidererebbe "combattere" la microcriminalità con le leggi anti terrorismo. Dall'analisi di Basagni desumiamo che il titolo è agghiacciante, e l'articolo è privo di qualsiasi spirito critico, perché probabilmente al giornalista una proposta del genere sembra perfettamente normale. CITTÀ BLINDATA DOPO LA GUER-

RIGLIA "spara" (è proprio il caso di dirlo) "la Repubblica" del 2 ottobre 1995. La foto che accompagna l'articolo ha puntato il suo obiettivo su due macchine della polizia e due cellulari, suggerendo ai lettori che tutta Firenze è in stato d'assedio. Come si sa, le fotografie racchiudono la realtà in un piccolo rettangolo, ma il *morceau choisi* proposto da questo giornale vuole evidentemente far pensare ai fiorentini che la loro città è circondata da un cordone di polizia. "Guerriglia" è parola assai impegnativa: rimanda all'America Latina, al Maggio '68, a furibondi scontri con le forze dell'ordine. Peccato che quel giorno, chi percorresse Firenze, non trovasse tale situazione, a meno che il giornale in questione non gli indicasse la strada esatta dove il fatto è successo.

Per non parlare poi della cosiddetta "parola ai protagonisti", diventata ormai un vezzo dei giornalisti d'assalto delle cronache locali e che, come dice Basagni, "nasconde, sia per incapacità interpretativa, sia per ossequiosità, la dipendenza del giornalismo di cronaca dal mondo politico, dato che, normalmente, tali protagonisti costituiscono i due poli opposti della situazione". Per esempio, un'intervista a un politico o a un Prefetto è affiancata dalla storia personale di un singolo Rom. Come hanno notato i sociologi Bechelloni e Buonanno in un loro libro fondamentale "una cronaca basata esclusivamente o prevalentemente su di una frammentata presentazione della realtà, attraverso procedure narrative tese a evidenziare il ruolo dei protagonisti, se non è inserita in una più complessa capacità di contestualizzazione, influenza anche il processo di selezione delle notizie, poiché si prediligeranno gli eventi meglio omologabili all'interno dei suddetti criteri".

26. *La sindrome di Stendhal*

"Peccato," dice Liuba "però questa città è così bella!"

È vero. Siamo in piazza Santa Croce. Siamo riusciti a oltrepassare la muraglia dei wc chimici di plastica, con la forma di garitte dei militari e di un terrificante color topo, che il Comune ha pensato bene di allestire in questa piazza per soddisfare le sacrosante esigenze corporali dei turisti. Abbiamo schivato l'orda di motorini che infestano questa città con il loro puzzo e il loro rumore, motorette scassate o scooter di lusso, ma comunque infernali, con i quali migliaia di giovani fiorentini scorrazzano per la città. Molti di essi guidano con la mano destra, mentre con la sinistra tengono un telefono portatile all'orecchio, chiamandosi da un punto all'altro di Firenze. Abbiamo scansato accuratamente i sacchetti di plastica rigonfi di immondizie traboccati dai cassonetti comunali che ingombrano il marciapiede, perché l'Azienda della Nettezza Urbana di questa città non ce la fa ad assicurare un'igiene ragionevole. Eppure l'Assessorato alla Sanità e alla Sicurezza Sociale non se lo sognerebbe mai di evacuare questa sublime zona della città per carenze igieniche.

Liuba mi guarda con malizia e mi dice: "Ho preparato un appello per un referendum da proporre ai cittadini di Firenze. Ce l'ho in tasca, ma te lo leggerò dopo che mi avrai fatto sentire le frasi che mi hai promesso sul referendum proposto per cacciare i Rom da Firenze".

E intanto "navighiamo" in questa piazza immensa verso la chiesa con le pitture giottesche e il chiostro con il crocifisso di Cimabue, la cui eccessiva bellezza provocò un malessere in Stendhal. Malessere che egli appuntò diligentemente nel suo diario e che si può leggere nel suo *Voyage en Italie*. Se il sentimento di "Unheimlich", come Freud definisce il disagio che ci può assalire di fronte a ciò che ci perturba per le sue categorie diverse da quelle che normalmente possediamo, deriva di solito dalla visione di qualcosa di terrificante o di spiacevole, forse lo stesso sentimento di "Unheimlich" può provenire da una eccessiva bellezza alla quale non siamo abituati.

Così almeno sostiene, non so con quanto quoziente di creatività, una psichiatra fiorentina, la professoressa Graziella Magherini, che ha definito "sindrome di Stendhal" il turbamento e lo smarrimento manifestato da certi turisti che sono ricorsi alle cure della sezione psichiatrica da lei diretta presso l'ospedale di Santa Maria Nuova di Firenze. Questi pazienti sono di solito turisti di passaggio che restano a Firenze poco tempo, esposti alla ferocia della sua bellezza. Le caratteristiche che li accomunano sono una certa fragilità emotiva, una reattività immediata alle emozioni, una scarsa capacità di controllare i propri moti dell'animo: insomma, ciò che potremmo definire un sistema immunitario debole nei confronti di una eccessiva emozione estetica nel senso del Bello.

"Cara Liuba, abbiamo davvero un sistema immunitario fragile," dico io, "siamo esposti alla sindrome di Stendhal." "Doppia sindrome, caro amico," corregge Liuba, "la Bella e la Bestia, i due estremi opposti di questa città, il Rinascimento e l'Abiezione."

27. *Liuba propone un appello*

Abbiamo trovato rifugio in un ristorante di Borgo Pinti. Non è facile, in questa città, trovare un semplice caffè dove poter sostare mezz'ora consumando una bibita a un tavolino. Nei bar, rigorosamente senza tavoli, i turisti consumano frettolosamente al bancone la loro Coca-Cola, mentre nei pochi caffè civilizzati che sono sopravvissuti, dopo dieci minuti, con un cappuccino che costa circa ventimila lire (18 dollari) il cameriere inquieto comincia a girarvi intorno lasciandovi intendere che due turisti texani o giapponesi prenderebbero volentieri il vostro posto.

"Ascolta bene," dice Liuba, "questo è l'appello di cui ti avevo parlato e che potresti far diffondere nel centro di Firenze. Te lo voglio leggere nonostante che tu non mi abbia ancora fatto ascoltare le registrazioni. Apri bene le orecchie."

Appello ai fiorentini che ancora riconoscono il senso della civiltà.

Fiorentini: il vostro centro storico è percorso quotidianamente da automobili aggressive, volgari, lussuose, rumorose e arroganti, guidate da persone dall'aspetto aggressivo, volgare, lussuoso, rumoroso e arrogante che strombazzano e vi investono se non vi fate da parte rapidamente. Teoricamente non potrebbero entrare in questa zona pedonale, ma non c'è vigile che li controlli. Sono i corsari delle vostre strade.

Fiorentini: il vostro centro storico è percorso quotidianamente da scooter aggressivi, volgari e lussuosi, guidati da giovanotti e da ragazzi aggressivi, volgari e lussuosi che, guidando con la mano sinistra, telefonano con la mano destra, lanciando messaggi idioti a dei Lapi o a delle Beatrici e cercando soprattutto di mettervi sotto.

Fiorentini: il vostro centro storico è percorso quotidianamente da bande di poveri turisti, silenziosi, tristi, timidi, individualmente beneducati, ma resi barbari da terribili tour-operator che li torturano scaricandoli da terrificanti autobus a due piani muniti di air-conditioned e di cuffie stereo e provenienti da 1500 chilometri di distanza con un viaggio notturno (arrivano da Parigi o da Londra); turisti provenienti dalle zone più lontane del Globo (Nuova Zelanda, Giappone, Arkansas) ai quali nulla importa dell'affresco del Perugino, ove il naso del santo di profilo è radicalmente diverso dalla prospettiva giottesca, ma desiderosi solo di una pizza, di un gabinetto e di una Coca-Cola, la cui lattina sarà gentilmente depositata sui marciapiedi.

Fiorentini: firmate questo appello-referendum per allontanare tutte queste persone che portano qualche soldo nelle vostre botteghe e che, come dice la stampa: "arricchiscono l'economia della città". Fiorentini, fate un atto di coraggio, chiamate al loro posto gli Zingari della periferia, essi sono ladri, astuti e cattivelli. Alla prima occasione vi ruberanno il portafoglio forse, nel migliore dei casi, vi importuneranno chiedendovi un'elemosina all'incrocio di queste antiche strade. Non vi porteranno ricchezza; al contrario, ve ne sottrarranno un po' se appena gli sarà possibile. Ma con loro vivrete meglio, in maniera meno nevrotica, con minore tensione, con maggiore allegria e distensione, come devono convivere tutte le creature alle quali è concesso di vivere non oltre i settanta o ottant'anni quando va bene.

Fiorentini, firmate quest'appello per la sopravvivenza della vostra identità umana, se non volete diventare una merce di scambio.

28. *Le Autorità cittadine consegnano le chiavi*

DARÒ AI ROM CASA E LAVORO. NON REALIZZEREMO NUOVI PODERACCI [cioè "campi di accoglienza"], MA VE-

RI INSEDIAMENTI ABITATIVI. Così titola "la Repubblica-Firenze" del 21 settembre 1995. È la solenne promessa del Sindaco, e le sue parole sono messe tra virgolette. Di che cosa si tratta? Forse che la città di Firenze ha deciso di investire una parte dei miliardi finora dedicati agli stilisti e agli occhiali di Elton John, per realizzare una politica di edilizia popolare a basso costo e d'emergenza, che cambierebbe radicalmente la sua maniera di fare "cultura"? Si tratta di sei appartamentini (pochissimi metri quadrati per sei famiglie ovviamente assai numerose) nella zona del Guarlone, che la munifica città di Firenze ha deciso di regalare ai Rom.

Oggi è il 24 settembre, e finalmente il grande dono della città si concretizza. Oggi avverrà la consegna ufficiale, da parte delle Autorità, delle chiavi di questo dono meraviglioso. Mi pare che sia un'occasione che Liuba non deve perdere.

Sfiderei qualsiasi turista in visita a Firenze ad arrivare al Guarlone. Ma non è facile neppure per me che conosco la città. Una cosa è certa: il turista volenteroso che riuscisse ad arrivare, sicuramente non correrebbe il rischio di subire la "sindrome di Stendhal". Non è facile neppure riuscire a scorgere le Autorità nella cerimonia di consegna, perché davanti a noi c'è un muro di folla, che supponiamo entusiasta e plaudente per la circostanza così umanitaria o almeno "cristiana". E tale folla grida, manifestando certamente la sua approvazione, e innalza cartelli e striscioni che non possiamo leggere perché rivolti verso il palco delle Autorità e dove sicuramente c'è scritto "Bravi! Firenze è orgogliosa di voi", "Siamo orgogliosi della civiltà che esprimiamo!".

Riusciamo a forare la folla e attraversandola notiamo che i cartelli recano invece scritte insospettate. Per esempio: "Via i Rom da Firenze", "Firenze ai Fiorentini". E le urla non sono affatto di consenso, ma irate, furibonde e aggressive. E là, sul palco, in prima fila, le Autorità non ci sono. C'è solo il dottor Geddes da Filicaia, Assessore alla Sanità e alla Sicurezza Sociale che timidamente, vergognosamente, quasi di nascosto, ha le chiavi in mano e cerca di farle scivolare nelle mani di coloro che dovrebbero essere i nuovi proprietari: due vecchi e spaventati Zingari.

29. *Leggiamo ciò che abbiamo visto ieri*

Ieri abbiamo desiderato di essere già a domani. E per fortuna oggi ci siamo. Offro a Liuba un giornale cittadino di questa fatidica mattina. CASE AI ROM, CONSEGNA SOTTOTONO. ASSENTI SINDACO E CARDINALE, URLA E STRISCIONI DI LEGA E FIAMMA ("la Repubblica-Firenze", 25 settembre 1998). Lega e Fiamma, spiego a Liuba, sono il Partito della Lega Nord, che ha spirito separatista e vorrebbe fare una repubblica nella Pianura padana, e il Movimento Sociale Italiano, cioè il vecchio Partito Fascista, che oggi ha assunto il nome di Alleanza Nazionale e che ha per simbolo una fiamma tricolore che a Liuba pare immediatamente una pubblicità del gas.

"*Cerimonia triste, quasi clandestina. La consegna delle prime case per i Rom è un passaggio di chiavi frettoloso, sotto i cori di un drappello di esaltati della Fiamma tricolore, sotto gli occhi di qualche pattuglia della polizia...*" Così scrive la cronista, che non manca tuttavia di avvicinarsi a un Rom spaventato davanti a tutta quella popolazione ostile, per chiedergli se è felice del regalo. "Oggi c'è la polizia, ma domani saremo soli," risponde laconico il vecchio Zingaro. È il metodo de "La parola ai protagonisti" come lo definirebbero i sociologi della comunicazione.

30. *Liuba anticipa la partenza*

"Não te importas de me acompanhar até a estação do comboio?" ("Ti dispiacerebbe accompagnarmi fino alla stazione?"), mi chiede Liuba. "Ma non dovresti partire dopodomani?" le obietto. "Mudei de ideia" ("Ho cambiato idea"), risponde Liuba. "Ma non ti ho ancora detto tutto," insisto io, "il tuo reportage non è completo, dovevo farti sentire le registrazioni fatte da Novaradio, durante la raccolta delle firme organizzata dai partiti di Lega Nord, Alleanza Nazionale e Forza Italia, per cacciare i nomadi da Firenze."

Liuba ha piegato la pagina del giornale e l'ha infilata nella borsetta. "Me le puoi far ascoltare nel mangianastri della tua macchina, mentre mi accompagni alla stazione," risponde in un ottimo italiano. Liuba ha imparato l'italiano.

31. *Voci dal Rinascimento*

Voci dai banchetti della Lega Nord Toscana per raccogliere firme contro la presenza dei Rom a Firenze.
Firenze (zona piazza delle Cure), giugno 1997.

MARCO CORDONE, segretario Lega Nord Toscana (*arringando con il megafono*)
Fiorentini, accorrete numerosi [...] Qui si firma contro la realizzazione del campo nomadi in questo quartiere, il quartiere due. Contro la zingarizzazione selvaggia della città [...] Tutti possono firmare, basta avere compiuto sedici anni [...] Gli amministratori la devono smettere con questa politica selvaggia di voler realizzare un campo nomadi in quasi tutte le zone della città. Il campo nomadi non s'ha da fare.

INTERVISTATORE (*chiedendo a una signora di mezza età, magra e ben vestita*)
Perché ha firmato?

SIGNORA BEN VESTITA
Qui c'è un gran caos in tutta la città, da tutte le parti. I politici pensano solo alla politica e le cose di buon senso non vengono fatte mai [...] Non fare il campo è di buon senso perché ne hanno già fatti abbastanza.

INTERVISTATORE (*chiedendo a un'altra donna più corpulenta anch'essa di mezza età*)
Lei perché ha firmato?

SIGNORA CORPULENTA
Per i nomadi; non li vogliamo, ci si trovano in casa. Non siamo più liberi nemmeno di uscire [...] Io non ce li voglio, devono andare a casa sua. Firenze non è mica la città dei nomadi [...] Chi ce li ha fatti venire qui? Sono ladri, basta. Sono ladri.

MARCO CORDONE, segretario Lega Nord Toscana (*rispondendo all'intervistatore*)
La nostra non è una questione razzistica. Noi siamo per tutelare innanzitutto i diritti della gente che vive e lavora sul nostro territorio. I nomadi non lavorano, sfruttano i bambini e a me mi piange il cuore quando li vedo sfruttare. Bambini di un anno, due anni, tre anni. Nessuno di loro va a scuola [...] tutti loro vogliono i servizi senza pagare una lira.

RAGAZZA FIORENTINA
A me dà proprio fastidio la presenza di certa gente; portano delinquenza.

SIGNOR SCURIATTI, Forza Italia

Molte famiglie del Poderaccio e dell'Olmatello man-
dano i figli a rubare in centro. Questa è una manife-
stazione contro il degrado che deriva dagli Zingari
in centro che scippano. Sia per i cittadini che per i
negozianti che per i turisti [...] La solidarietà, se proprio deve essere fatta, deve essere fatta per gente che
realmente ne ha bisogno. Non per gli Zingari [...] I
diritti ce li abbiamo prima di tutto noi perché siamo
di Firenze, viviamo a Firenze e paghiamo le tasse a
Firenze.

ADULTO FIORENTINO

Sto firmando contro i Rom, perché i Rom rubano.

32. *Via di qui*

"Il tuo bagaglio è rimasto in albergo," faccio notare
a Liuba mentre la seguo alla biglietteria della stazione.
"Non importa," risponde tranquillamente, "dei miei ve-
stiti posso fare a meno, regalali da parte mia a qualche
Comunità religiosa, basta che tu mi mandi per posta i
documenti e le pagine di giornale che ho lasciato nella
mia cartella verde. Il conto l'ho pagato stamani."

Sta calando la sera sulla stazione di Santa Maria Novella, dove il solito altoparlante annuncia in perfetto inglese i treni in arrivo, in partenza o in ritardo. Liuba
evade trionfalmente dalla fila sventolando un biglietto.
"Depressa, o comboio está a partir de linha número
10!" ("Sbrigati, il treno sta partendo al binario numero 10!). "Ma non è il treno per Parigi!" le grido io cor-
rendole dietro, "il treno per Parigi parte fra qualche
ora!" "Não interessa," risponde Liuba correndo, "este
vai para o estrangeiro, não sei aonde, mas fora daqui."

("Chi se ne frega, questo va all'estero, dove non saprei, ma via di qui.")

33. *Liuba che parte*

Liuba è affacciata al finestrino e il treno è già in movimento. Mi rendo conto che sto accompagnando il vagone quasi correndo, come nei film. Ora è proprio una Liuba che parte, ma io non ho amuleti da darle, nemmeno a parole. E lei, mandandomi un bacio sulla punta delle dita, mi fa un cenno che mi fa venire in mente una canzone di emigranti resa celebre da un simpatico attore di avanspettacolo degli anni cinquanta, munito di cappello di paglia e di bastone: *La porti un bacione a Firenze*. E mentre percorro all'indietro la banchina deserta, formulo dentro di me una riflessione che uno scrittore che amo ha scelto per il titolo di un suo bellissimo libro: *che ci faccio qui.*

Firenze, giugno-ottobre 1998

Post-scriptum: una lettera

Vecchiano, 18 novembre 1998

Cara Liuba,

in questa piovosa giornata di novembre ti immagino seduta al tuo tavolo, nel tuo studio del campus statunitense dove insegni. Forse lì è una giornata fredda e chiara, e le foglie della vite canadese che si arrampica sulla tua finestra e della quale parlavi come di una vecchia amica sono rosse e gialle. "Il giallo attuale che le foglie hanno, e che le rende differenti", come dice il poeta di cui ci piaceva citare i versi.

Sono passati quasi due mesi dalla tua partenza, e sono certo che ciò che hai vissuto in questa città (le tue esperienze, i libri letti, i giornali, le persone conosciute, i tuoi appunti del quaderno lasciato alla pensione e che ti inviai) si sta trasformando in uno scientifico saggio, confortato da note bibliografiche di illustri studiosi, per i tuoi "Anthropological Studies".

Il "viaggio" che ho fatto con te tra Zingari e Rinascimento mi ha invece ispirato una sorta di reportage che ho da poco finito di scrivere e che sarà pubblicato dall'edizione tedesca di "Lettre International".

Il mondo è vasto, Liuba, e molto vario. E innumerevoli sono gli aspetti della Realtà che uno scrittore può descrivere. Io ho pensato che, senza andare troppo lontano, forse potevo dare un'occhiata a una realtà che mi sta accanto. Perché a volte questa realtà, che spesso guardiamo senza vedere, riproduce, magari su scala ridotta, certe macroscopiche sciagure del globo che vengono esibite in televisione: terremoti, guerre, violenze, genocidi. Può essere il signore insospettabile che ci saluta ogni mattina in ascensore e che all'insaputa di tutti gli inquilini sevizia la bambina nell'appartamento accanto al nostro, il *clochard* che muore di freddo sul marciapiede di fronte al palazzo della nostra città dove ha luogo il Ballo in Maschera, o un gruppetto di Zingari costretti a vivere come animali appena fuori dal centro.

Qui l'estate è finita. E loro (gli "eredi" di Lorenzo il Magnifico) hanno smesso di ballare (per ora). Finite le scarpette di Cenerentola tempestate di smeraldi, le feste con gli stilisti, i cocktail nelle ville aristocratiche, i ricevimenti nei saloni comunali. Tutto finito. Piove. "Piove su i nostri volti / silvani, / piove su le nostre mani / ignude, / […] / su la favola bella / che ieri / t'illuse, che oggi m'illude, / o Ermione", come recita il disgustoso D'Annunzio ancora tanto amato in questo Paese per certi aspetti fatto apposta per lui. Ma anche se noi non ci eravamo affatto illusi, non c'è dubbio che le nostre mani (anzi, le tasche dei contribuenti) siano ignude. "Il manifesto", nella sua edizione fiorentina, scrive oggi:

BIENNALE DI FIRENZE. POLEMICHE E DEFICIT DI FINE MILLENNIO

> *Una manifestazione che spende più di un miliardo per invitare qualche sfiatato Vip internazionale a un sedicente "ballo di fine millennio" è giusto che faccia una brutta fine. Una questione morale, una volta tanto. I soldi erano (e sono) soldi pubblici.*

Il ballo della scarpetta di Cenerentola tempestata di smeraldi, l'hanno dunque pagato i cittadini di Firenze. Mi pare che ciò abbia una sua logica, perché il Rinascimento costa, come sappiamo. E se eventualmente i cittadini non fossero d'accordo sul denaro pubblico speso in questo modo, possono sempre manifestare in piazza della Signoria, come li vedemmo protestare quel giorno di settembre nel quartiere del Guarlone perché il Comune aveva regalato agli Zingari qualche stanza decente.

Ma non credere che siano moribondi, i Signori di Firenze. Essi continueranno a ballare. Perché, se non gli stessi (il che può essere), altre persone, da questi assolutamente diverse e a questi assolutamente uguali, apriranno le danze la prossima stagione. Perché ballare non è solo il loro kantiano imperativo categorico, ma la loro condizione ontologica, ed essi non possono fare altro che ballare. È per questo che esistono.

Ti mando questo articolo di giornale che reca malinconia.

BIENNALE FLOP, COLPA VOSTRA. MONDADORI SCARICA SU FIRENZE IL FALLIMENTO DELLA RASSEGNA. L'EDITORE: "POCHI VISITATORI, LA CITTÀ NON È ATTRAENTE PER LE MOSTRE". PRIMICERIO: "AFFRETTATO E INGENEROSO"

Leonardo Mondadori passa al contrattacco. A chi parla del flop della Biennale Cinema e Moda lui, che ne è presidente, risponde così: Le mostre fatte a Firenze in genere non attraggono. Manca il marketing museale. E manca uno spazio che resti fisso nel tempo e si conquisti quel marchio doc che richiama le masse ("la Repubblica", 17 novembre 1998).

Cara Liuba, ma come parla questa gente? L'attacco feroce dell'editore, presidente di questa Biennale della Moda, che diceva di essere sceso giù da Milano non per denaro ma per "fare cultura", merita ovviamente una risposta del Sindaco, che "la Repubblica" equamente ospita, secondo il principio che il nostro Iacopo Basagni chiamerebbe "la parola ai protagonisti".

LA REPLICA. PRIMICERIO NON GRADISCE. L'IRA DEL SINDACO: "USCITA INGENEROSA"

Il Sindaco si è offeso: non accetta che il Presiden-te della Biennale, il milanese Leonardo Mondadori, gli venga a fare la lezione. E soprattutto che si tocchi la città. Che dica che Firenze non riesce a propagan-dare le mostre, che non sa allestire uno spazio esposi-tivo adatto, fisso e riconoscibile, che negli ultimi anni non è mai riuscita ad attrarre più di un numero mo-desto di visitatori. Primicerio si è proprio arrabbiato. Non si ferma alle valutazioni di generosità o ingene-rosità. Vuol essere chiaro fino in fondo. Avverte gli in-cauti e spiega loro il valore, anche severo della città. "Firenze, dice, è una città esigente per chi ci lavora ma anche per chi pensa di servirsene per i propri scopi." La risposta del Sindaco è dura... ("la Repubblica", 17 novembre 1998).

Nel Colosseo siamo arrivati al duello finale. I gla-diatori che stanno perdendo ricevono dalla plebe il pol-lice verso, in attesa di un gladiatore migliore.

Nel frattempo un illustre poeta di questa città, rap-presentante del cosiddetto "Ermetismo fiorentino", la cui poesia secondo la *Piccola Enciclopedia Letteraria Gar-zanti*, ha per tema dominante "l'angosciosa contrappo-sizione tempo-eternità e individuo-cosmo", ci raggua-glia, sulla stessa pagina del medesimo giornale, di quan-to possa essere metafisica Firenze:

LUZI RACCONTA: "LE EMOZIONI DI FIRENZE"

Parigi e Firenze viste da due grandi. Dai poeti Ma-rio Luzi e da Jacques Réda, ospiti d'onore al primo de-gli incontri letterari organizzati dall'Istituto di Fran-cese e dal Gabinetto Vieusseux sul tema de "la città scritta". Un folto pubblico ieri pomeriggio ha ascolta-to i due poeti seguendo i loro pellegrinaggi metropo-litani, tra elementi di città metafisiche, materiali d'a-nima che si fanno pietra, angolo, acqua, luce. Il viag-giatore attraversa estasiato i tessuti della città, non sempre ne coglie le trame: vagabonda nella storia, nei segni dell'arte e compie il suo percorso. Questi tipi di avventure mentali e interiori sono fantastiche e ricorrenti – ha detto Luzi –. Ma sono anche una specie di allarme che ci sorprende di quando in quando, spesso troviamo delle dismisure nel nostro ordine psichico e mentale che producono degli effetti belli ma anche terribili. E possono essere a volte dei segnali di un turbamento profondo. Ecco, Firenze. Firenze ha la possibilità di eccitare questo stato d'animo ("la Repubblica-Firenze", 17 novembre 1998).

Cara Liuba, che cosa dobbiamo aspettarci da questo Millennio in arrivo? La *Provvidenza divina* che anima un romanzo praticamente ignorato all'estero ma obbligatorio nella scuola italiana, intitolato *I promessi sposi?* La *Giustizia globale* degli eventuali tribunali internazionali posti sotto l'egida dell'Onu, il cui motto assomiglia al "vorrei ma non posso"? Il *Libero mercato* il cui simbolo migliore è forse il più grande McDonald's del mondo della piazza Tien-an-men? (1000 posti a sedere, dicono). L'angosciosa contrapposizione *Individuo-Cosmo* o la capacità che avrebbe Firenze di *eccitare il nostro stato d'animo*, come direbbero le enciclopedie letterarie o l'illustre poeta? Le *Giunte comunali* più o meno progressiste? La *Disperata allegria*, come è stata definita, di ciò che resta dei popoli liberi e, appunto, disperati? Gli *Uomini di buona volontà*? Le tue *Ricerche antropologiche* pubblicate da una seria università americana? Questo mio dilettantesco reportage pubblicato da questa intraprendente rivista tedesca così impegnata sul "sociale" e attenta al "dialogo" fra le culture? Io stesso, che da qui ti sto (mi sto) facendo domande idiote?

Qui, a Vecchiano, piove.

"Taci. Su le soglie / del bosco non odo / parole che dici / umane; ma odo / parole più nuove / che parlano

gocciole e foglie / lontane. / Ascolta. Piove / dalle nu-
vole sparse. [...] / piove su i pini / scagliosi ed irti, /
piove su i mirti / divini, / su le ginestre fulgenti / di fio-
ri accolti, / su i ginepri folti / di coccole aulenti..." Come scrive, con il suo panteismo di cartapesta, il tre-
mendo D'Annunzio che al liceo mi obbligarono a im-
parare a memoria.

Un saluto affettuoso, tuo Antonio

Bibliografia

C. ANNICHIARICO (a cura di), *Devianza minorile in Toscana*, Firenze 1992.

P. ANTONETTI, *La vita quotidiana a Firenze ai tempi di Lorenzo il Magnifico*, Bur, Milano 1994.

I. BASAGNI, *L'immigrato di carta*, Tesi di Laurea in Teorie e Tecniche del Linguaggio Giornalistico, Facoltà di Lettere e Filosofia, Università di Siena, Relatore Prof. Maurizio Boldrini. Correlatore Prof. Antonio Tabucchi, 1998.

G. BECHELLONI, M. BUONANNO, *Quotidiani in mutazione, trasformazioni del campo giornalistico italiano*, Fondazione Adriano Olivetti, Perugia 1992, pp. 30-78.

G. BERENGO GARDIN, *La disperata allegria. Vivere da zingari a Firenze*, Centro Di, Firenze 1994 (album fotografico con introduzione di B.M. La Penna).

M. BUONANNO, *Le quattro culture dei quotidiani italiani*, in "Problemi dell'Informazione" n° 1, 1995, pp. 39-61.

L. CANTINI, *Legislazione Toscana*, Stamperia Albizziniana, Firenze 1800-1807, XXXI voll.

A.G. CARMICHAEL, *Plague and Poor in the Renaissance's Florence*, Cambridge 1986.

S. COSTARELLI, *Il bambino migrante. Ritratto psico-sociale del minore zingaro a Firenze*, Giunti, Firenze 1994.

A. VAN DIJK TEUN, *Il discorso razzista. La riproduzione del pregiudizio nei discorsi quotidiani*, presentazione di L. Balbo, S. Manuelli, Rubbettino, Milano 1994.

C. HIBBERT, *Ascesa e caduta dei Medici*, Mondadori, Milano 1988.

IRES TOSCANA, *L'immigrazione in Toscana. Dalle fonti agli strumenti di analisi*, Atti del convegno svoltosi presso l'Auditorium del Consiglio Regionale a Firenze il 20 ottobre 1995 redatti dall'Ires Toscana (Istituto di Ricerche Economiche e Sociali).

M.A. JOHNSTONE, *The Life in Florence in the Fifteenth Century*, Firenze 1968.

G. MAGHERINI, *La sindrome di Stendhal*, Feltrinelli, Milano 1992.

L. MANCONI, *Gli imprenditori politici del razzismo*, in "MicroMega" n° 3, 1990.

L. MAURI, L. MICHELI, *Le regole del gioco, diritti di cittadinanza ed immigrazione straniera*, Franco Angeli, Milano 1992.

F. NICCOLAI, *Opere di carità a Firenze*, Firenze 1985.

G. PALOMBARINI, *L'invasione immaginaria*, in "MicroMega" n° 5, 1995.

M. PRIMICERIO, *Accoglienza, legalità e compatibilità*, in "la Repubblica-Firenze", 2 agosto 1997.

N. RUBINSTEIN, *Il governo di Firenze sotto i Medici*, La Nuova Italia, Firenze 1971.

A. TABUCCHI, *Un certo modo di gestire Firenze*, in "la Repubblica-Firenze", 1 agosto 1997.

A. TABUCCHI, *Accoglienza, anche i filosofi cambiano idea*, in "la Repubblica-Firenze", 4 agosto 1997.

R. TREXLER, *Famiglia e potere a Firenze nel Rinascimento*, Roma 1990.

Opere collettive

Gili daci Dom. Incontro con i bambini Rom, Firenze 1994.

Il colore dello spazio; habitat sociale ed immigrazione in Toscana, a cura della Fondazione Michelucci, Firenze 1996.

La casa del sole e della luna. I Rom, un popolo che viene da lontano, Firenze 1994.

L'altro diritto. Emarginazione, devianza, carcere, a cura di E. Santoro e D. Zolo, La Nuova Italia Scientifica, Firenze 1997.

La sconvenienza della sconvivenza. Atti della manifestazione-incontro con il popolo rom a Firenze 17-18 ottobre 1997, Firenze 1998.

L'immigrazione femminile in Toscana: primi risultati di una ricerca-azione, a cura della Giunta Regionale Toscana con la collaborazione della Commissione Consiliare per le pari opportunità uomo-donna, Firenze 1996.

Primo rapporto sulla condizione dei minori in Toscana 1997, a cura della Giunta Regionale della Toscana. Dipartimento del diritto alla salute e delle politiche di solidarietà, Firenze 1998.

Racconti, progetti, proposte di donne immigrate, a cura della Giunta Regionale Toscana, Commissione per le pari opportunità uo-mo-donna, Firenze 1996.

Volti nuovi a Firenze; indagini sulla condizione degli extracomunitari, a cura di C. Ferri, M. Mazzei, C. Rossi, Firenze 1991.

Zingari in Toscana. Storia e cultura del popolo rom, Quaderni della Fondazione Michelucci 1992-93, a cura di T. Mori e N. Solimano, EDK, Firenze 1993.

L'Urbanistica del disprezzo. Campi Rom e società italiana, a cura di P. Brunello, Manifestolibri, Roma 1996.

Testate locali che si occupano di marginalità sociali

"L'Altracittà", mensile della periferia (Le Piagge), Firenze.
"ADM", periodico della "Associazione per la Difesa delle Minoranze Etniche", Firenze.

Articoli radiofonici

D. GUARINO, *Articoli per Novaradio*, trasmessi nei giorni 09.06.1995; 12.07.1995; 26.07.1995; 26.09.1995; 02.10.1995; 27.09.1996; 03.10.1997, Archivi Novaradio, via L. Manara 6, Firenze.

I. VICINI, *Trasmissione speciale sulla raccolta delle firme contro la presenza dei Rom a Firenze*, trasmessa il 05.06.1997, Archivi Novaradio.

[I due giornalisti citati sopra e altri due colleghi sono stati successivamente licenziati da Novaradio, proprietà dell'Arci (Associazione Ricreativa Culturale Italiana) per rivendicazioni sindacali non accolte.]

D. GUARINO, *Articoli per Controradio*, trasmessi nei giorni 13.05.1998 (*La polizia apre la caccia all'ambulante extracomunitario*); 22.05.1998 (*Principio d'incendio al Poderaccio*); 23.05.1998 (*Ferimento della piccola Natalie Nicolich*); 25/26/27/28/29.05.1998 (*Vari articoli di aggiornamenti in diretta sulla vicenda di Natalie*); 10.06.1998 (*Situazione dei profughi dal Kosovo e dalla ex Jugoslavia nei campi rom*); 07.07.1998 (*Trasmissione speciale del nuovo insediamento rom del Guarlone*); 08.10.1998 (*I Rom protestano per i nuovi bagni al Poderaccio*); 20.10.1998 (*Trasmissione speciale in diretta dal campo nomadi del Masini sulla presenza di profughi dal Kosovo*); 23.10.1998 (*Le associazioni antirazziste chiedono un interven-*

to dell'amministrazione comunale per migliorare la politica di accoglienza verso Rom ed immigrati), Archivi Controradio, via Rosso Fiorentino 4, Firenze.

Associazioni e Fondazioni consultate

Associazione Il Muretto, via Lombardia 1/p, Le Piagge, Firenze.
Associazione per la Difesa delle Minoranze Etniche, via Reginaldo Giuliani 382, Firenze.
Fondazione Ernesto Balducci, via dei Roccettini 11, Fiesole.
Fondazione Michelucci, via Fra Giovanni Angelico 15, Fiesole.

Indice

Stampa Grafica Sipiel
Milano, aprile 1999

L. 018 45927

GLI ZINGARI E IL
RINASCIMENTO
I°ED. APRILE 99
A. TABUCCHI

FELTRINELLI
EDITORE – MI